Bibliografische Information der Deutschen Nationalbibliothek
Die Deutsche Nationalbibliothek verzeichnet diese Publikation
in der Deutschen Nationalbibliografie; detaillierte bibliografische
Daten sind im Internet über http://dnb.d-nb.de abrufbar.

ISBN 978-3-631-66468-1 (Print)
E-ISBN 978-3-653-05683-9 (E-Book)
DOI 10.3726/978-3-653-05683-9

© Peter Lang GmbH
Internationaler Verlag der Wissenschaften
Frankfurt am Main 2015
Alle Rechte vorbehalten.
Peter Lang Edition ist ein Imprint der Peter Lang GmbH.

Peter Lang – Frankfurt am Main · Bern · Bruxelles ·
New York · Oxford · Warszawa · Wien

Diese Publikation wurde begutachtet.

www.peterlang.com

Inhaltsverzeichnis

Abbildungsverzeichnis

Tabellenverzeichnis

Symbolverzeichnis

Modell im Abschnitt (2.2)

G	öffentliche Ausgaben
r	Zins
τ	Steuersatz
b_t	Staatsschulden in der Periode t
Y_t	Output in der Periode t
T	Steuereinnahmen

Modell im Abschnitt (3.1)

c_t	privater Konsum in der Periode t
x_t	Freizeit in der Periode t
$u(\cdot), v(\cdot), h(\cdot)$	Nutzenfunktionen der Individuen
$H(\cdot)$	Nutzenfunktionen der Regierung
$R^e(\cdot)$	Reaktionsfunktion der Regierung
$R^N(\cdot)$	Reaktionsfunktion der Opposition
$V(\cdot)$	Zielfunktion
δ	Diskontierungsfaktor
P	Wahrscheinlichkeit der Wiederwahl

Modell im Abschnitt (3.2)

w_t	Nettolohnsatz in der Periode t
$L(\cdot)$	Arbeitsangebot
g	öffentliche Ausgaben
$W(\cdot)$	Zielfunktion der Regierung
$v(\cdot), w(\cdot)$	Regierungsfunktionen
$\mu(g)$	marginale Nutzen des öffentlichen Konsums
$\lambda(b+g)$	marginale Kosten des öffentlichen Konsums

Modell im Abschnitt (4.1)

t	proportionaler Steuersatz
$(1-t)$	Nettoeinkommen eines Individuums
s	Transferzahlungen
g	öffentliche Güter und Dienstleistungen
α	Präferenzen der Individuen für öffentliche Güter und Dienstleistungen
β	Präferenzen der Individuen für Transferzahlungen
μ_j	Größe der sozialen Gruppe j

Modell im Abschnitt (4.3)

$g = G(\cdot), f = F(\cdot)$	öffentliche Güter
α	Präferenz der Individuen für das öffentliche Gut g
$H(\cdot)$	Wahrscheinlichkeitsfunktion
$v(\alpha_2^m)$	marginalen Kosten der Schuldentilgung
ε	relevante politische Ereignisse

Modell im Abschnitt (5.)

c_t	privater Konsum der Eltern in der Periode t
x	privater Konsum der Kinder
n	Bevölkerungswachstum
$V(x^i)$	Nutzen aus dem Konsum der Kinder
δ	Altruismuswert der Eltern
W	Nutzenfunktion der Eltern
J	Nutzenfunktion der Kinder
s^i	Ersparnis der Eltern i
$1 + e^i$	Erstausstattung der Eltern i mit Output zu Beginn der Periode 1
a^i	Ausstattung der Eltern zu Beginn der Periode 2
g_1	staatliche Transferleistungen an die Eltern in Periode 1
w	Output zu Beginn der Periode 2
τ	Steuern
r	Zinssatz mit $1 + r = R$
θ	Tilgungsquote bzw. Steuersatz zur Tilgung der Staatsschulden
t	Erbschaft an die Kinder
f	Stiftung an die Eltern
$G(\cdot)$	Verteilungsfunktion der Ausstattung e^i
$H(\cdot)$	Verteilungsfunktion der Ersparnis s^i
z	Schlupfvariable

Modell im Abschnitt (6.1)

τ	Steuern
b	Staatsverschuldung
c	privater Konsum
g	öffentliche Finanzmittel
$H(\ )$	Nutzenfunktion einer Gruppe
N	Gruppengröße
w	Wohlfahrt einer Gruppe
y	Einkommen einer Gruppe

Modell im Abschnitt (6.2)

d_i	Transferzahlungen an die Gesellschaftsgruppe i
τ_t	Steuereinnahmen in der Periode t
T	außersteuerlichen Einnahmen
$m_i = \dfrac{m}{n}$	Anteil der überschüssigen Steuerlast einer Gesellschaftsgruppe i
n	Gesamtzahl aller Gesellschaftsgruppen
$\Gamma_t = \eta T_t + \dfrac{\theta}{2} T_t^2$	überschüssigen Steuerlast
γ	Teilungsregeln des Budgets zwischen den Staatsministern
B_t	öffentliche Ausgaben in der Periode t
$B_t - \tau_t$	Budgetdefizit in der Periode t
β	Verhandlungsmacht des Finanzministers

Modell im Abschnitt (7.2)

β	Diskontierungsfaktor
ω_t	Lohneinkommen
p_t, τ_t	Steuern
z_t	Ersparnis

1 Einleitung

Mit dem ersten Ölpreisschock Mitte der siebziger Jahre brach eine globale Verschuldungsentwicklung aus. Die selbe Tendenz fand auch in den OECD-Ländern statt. Die OECD-Länder weisen ähnliche ökonomische Merkmale auf. Dennoch verlief die Verschuldungsentwicklung in einigen Ländern zum Teil sehr unterschiedlich. Die traditionelle makroökonomische Theorie kann diese Unterschiede nicht ausreichend erklären.

Tabelle 1: Verschuldungsquoten in den OECD-Ländern

	1965	1975	1990
Belgien	67,49	61,06	131,18
Irland	keine Angabe	64,37	101,74
Italien	35,41	60,4	100,48
Griechenland	14,15	22,43	88,73
Niederlande	52,21	41,38	76,12
Canada	58,79	43,09	71,91
Japan	0,07	22,41	69,76
Dänemark	11,3	11,92	59,46
Österreich	19,37	23,94	56,43
USA	52,1	42,69	56,22
Frankreich	53,05	41,08	46,64
Schweden	30,48	29,52	44,23
Deutschland	17,34	25,08	43,58
Norwegen	47,02	44,75	39,12
Großbritanien	81,77	63,73	34,67
Finnland	17,7	8,57	16,77

Quelle: Alesina, Perotti (1995, Tabelle 1)

Ausgehend von dieser Dissonanz begann eine rege Diskussion über die Theorie der Staatsverschuldung[1]. Die Folge war, dass verschiedene Modelle der Fiskalpolitk im Rahmen der „Neuen politischen Ökonomie" entwickelt wurden. In

---

[1] Andel (1998, S. 392) definiert die Staatsverschuldung als von der öffentlichen Hand aufgenommene Kredite, die in der Regel mit einer Rückzahlungs- und Verzinsungspflicht verbunden sind.

der traditionellen makroökonomischen Literatur wurde stets von einer positiven Theorie zur Erklärung der Staatsverschuldung ausgegangen. Ökonomen arbeiteten die gesamtwirtschaftliche Nutzbarkeit der Staatsverschuldung in ihren wirtschaftspolitischen Empfehlungen heraus. Im Rahmen einer pluralistischen Demokratie handeln die politischen Entscheidungsträger jedoch nicht per se im Einklang mit dem Allgemeininteresse. Eine Erweiterung der ökonomischen Theorie zur Erklärung der Staatsverschuldung um die politische Dimension ist daher unabdingbar[2].

Die Implementierung des Public choice –Ansatzes in die Finanzwissenschaft geht im Wesentlichen auf James Buchanan zurück. Er betrachtet das Wahlverhalten in einem von der Parteienkonkurrenz geprägten politischen Zyklus. Die Wähler werden als rationale Individuen betrachtet, die ihren Nutzen maximieren. Dabei handeln sie aber beschränkt rational, da sie ihr Kalkül der Nutzenmaximierung an den Versprechen der Politiker orientieren und nicht vollkommen informiert über die fiskalpolitischen Implikationen sind. Es wird daher ein myopischer Wähler unterstellt. Er beurteilt das Verhalten der Regierung, wenn es ihm von den Politikern kurz vor der Wahl ins Gedächtnis gerufen wird. Die Politiker wiederum sind der Parteienkonkurrenz unterworfen. Der Einfluss des Wahlsiegers auf seine zukünftigen finanzpolitischen Entscheidungen wird damit von vornherein durch seine Wahlversprechungen verzerrt (*political bias*). Buchanan knüpft damit an die italienische Schule der Fiskalpolitik im 19. Jahrhundert mit ihrem bedeutenden Vertreter Puviani[3] an.

Obwohl es in der wissenschaftlichen Literatur, die sich mit der politischen Ökonomie der Staatsverschuldung beschäftigt, verschiedene Meinungen über Gründe exzessiver Staatshaushaltsdefizite gibt, setzt sich mittlerweile die Erkenntnis durch, dass das Ausmaß der Staatsverschuldung auf das institutionelle Gefüge zurückzuführen ist, das Einfluss auf die Schuldenaufnahme nimmt[4]. Während die Theorierichtung der *electoral institutionalists* die Wahlsysteme (electoral systems) als ausschlaggebend betrachtet, legen die *fiscal institutionalists* die Priorität auf

---

2   Stalder (1992, S. 40)
3   Puviani macht darauf aufmerksam, dass Wirtschaftssubjekte bei einer Verschuldung die Illusion haben, die zukünftigen Zinslasten der Verschuldung nicht als vermögensmindernd anzusehen. Zudem unterliegen sie – im Gegensatz zu einer Steuerfinanzierung – der Illusion, dass sie über den aufgenommenen Kredit verfügen könnten, vgl. hierzu Stalder (1992, S. 99)
4   Strauch (1998, S. 1)

die Regierungsinstitutionen (governmental institutions), in denen der jährliche Staatshaushalt gestaltet wird[5].

Ziel dieser Analyse ist es, den Einfluss von politökonomischen Prozessen und der Gestaltung von Budgetinstitutionen[6] auf die Höhe des Staatsdefizits bzw. der Staatsverschuldung[7] zu veranschaulichen. Im zweiten Abschnitt werden die Bestimmungsgründe der Staatsverschuldung aus der traditionellen Sicht der Finanzwissenschaft dargestellt. Im dritten Abschnitt wird die Rolle der Staatsverschuldung im politischen Prozess untersucht. Der vierte Abschnitt behandelt das Verhalten der Staatsverschuldung in einem Generationenmodell. Im fünften Abschnitt wird der Einfluss der Wahlen bzw. der Wahlverfahren auf die Staatsverschuldung untersucht. Anhand einer neu etablierten Theorierichtung in der politischen Ökonomie, werden im sechsten Abschnitt die Verhandlungsstrukturen während der Budgetprozesse und die institutionellen Implikationen von Budgetprozessen untersucht. Der siebte Abschnitt stellt einige Aspekte einer fiskalischen Verfassung dar, die die Staatsverschuldung bestimmen. Für die Ergebnisse der verschiedenen Theorieansätze wird im achten Abschnitt die empirische Evidenz überprüft und ein empirischer Überblick über die Budgetinstitutionen in den US-amerikanischen Staaten und den EU-Staaten gegeben. Der neunte Abschnitt liefert eine Abschlussbetrachtung und beurteilt den Erklärungsgehalt der theoretischen Modelle.

---

5 Vgl. Hallerberg, von Hagen (1997)
6 Budgetinstitutionen sind nach Alesina und Perotti (1994, S. 3) alle Regeln und Regulierungen, die den Entwurf, die Verabschiedung und die Implementierung des Budgets betreffen.
7 Im Folgenden wird das Staatsdefizit als Neuverschuldung definiert, vgl. hierzu Nowothny (1999, S. 422). In den modelltheoretischen Annahmen werden beide Größen als äquivalent angesehen.

2 Bestimmungsgründe jenseits der Politökonomie

2.1 Ökonomische Bestimmungsgründe

Die Staatsverschuldung wird aus historischen Gründen im Vergleich zu anderen Formen der Finanzierung skeptischer betrachtet. Deshalb hat sich die Begründung der Schuldenaufnahme zu einem traditionellen Teil der Finanzwissenschaft etabliert. Bis vor Ausbruch der Weltwirtschaftskrise in den dreißiger Jahren wurde eine Parallelpolitik[8] im öffentlichen Sektor verfolgt: Auf einen Einnahmenrückgang im Konjunkturzyklus reagierte der Staat mit Ausgabenkürzungen oder Steuererhöhungen bzw. mit einer Kombination aus beidem. Im Aufschwung wurden die Ausgaben erhöht oder die Steuersätze gesenkt. Ein stets ausgeglichener Haushalt stand im Vordergrund.

Durch die „keynesianische Revolution" wurde der Verwendung von öffentlichen Krediten zur antizyklischen Fiskalpolitik der Weg geebnet. Die Staatsverschuldung wird dabei als ein wichtiges Instrument betrachtet: Der Schwerpunkt der Staatsverschuldung liegt auf der Stabilisierungsfunktion[9]. Die Konzeption der öffentlichen Finanzen soll dahin gehend erfolgen, Konjunkturschwankungen zu glätten oder zu vermeiden. Als klassische Zielvorgabe gilt, dass durch das *deficit spending* in Rezessionsphasen eine Stabilisierung der Nachfrage erreicht werden soll. Somit werden „konjunkturelle Impulse" im Sinne des Sachverständigenrats freigesetzt[10].

Zur Begründung von Schulden zur Finanzierung öffentlicher Ausgaben führt Andel (1998, S. 398) weitere Gründe auf:

Eine intertemporale Äquivalenz zwischen der Verteilung der Nutzen und der Kosten wird erreicht. Es erfolgt eine zeitliche Nutzenverteilung der Steuerlast, die aus dem Schuldendienst resultiert. Intertemporale Verteilungseffekte sind im Hinblick auf die Nutzenverteilung von besonderem Interesse. Der Zeithorizont der Individuen ist im Vergleich zum Staat sehr kurzfristig angelegt. Zusätzlich ist es möglich, eine intertemporale Stabilisierung der Steuersätze durch die Staatsverschuldung zu erreichen: Unerwartete Ausgabenerhöhungen können zu einer

---

8   Vgl. Stalder (1992, S. 9)
9   Die Aufgaben der staatlichen Finanzpolitik werden nach Musgrave in die Zielbereiche Allokation, Distribution und Stabilisierung aufgeteilt, vgl. etwa Stalder (1992, S. 9), Nowothny (1999, S. 426) und Andel (1998, S. 397)
10 Nowothny (1999, S. 426)

erhöhten Steuerlast führen. Zur Glättung der Grenzsteuersätze ist deshalb eine Verschuldung vorzuziehen. Bei unerwarteten Ereignissen, die Defizite auslösen, werden Überbrückungskredite aufgenommen, anstatt den aufgestellten Haushalt zu revidieren.

Ein weiterer Aspekt betrifft die Wachstumswirkungen, die durch die Staatsverschuldung hervorgerufen werden. Es steht der Wirtschaft durch die aufgenommene Verschuldungssumme ein höherer Kapitalbestand zur Verfügung. Ein langfristig dezentrales Gleichgewicht stellt selbst bei vollkommenem Wettbewerb keine effiziente Allokation her. Die Staatsverschuldung kann zur effizienteren Ressourcenallokation eingesetzt werden[11].

2.2 Steuerglättung

Barro (1979) wählt in seinem Modell zur Erklärung der Staatsverschuldung die Steuerglättung (*tax smoothing*) als einen rein ökonomischen Erklärungsansatz. Die Fiskalpolitik verfolgt das Ziel die Steuereinnahmen über die Zeit konstant zu halten. Haushaltsdefizite und –Überschüsse entstehen nur temporär und gleichen sich über die Zeit aus. Der Ausgangspunkt des Modells wird im Folgenden kurz erläutert.

Eine große Wirtschaft wird betrachtet, die ihre Ausgaben über Steuereinnahmen und defizitär finanziert. Die Budgetrestriktion der Regierung in einer Periode lautet (**2.1**) $G_t + r b_{t-1} = \tau_t + (b_t - b_{t-1})$. Die Regierungsausgaben in einer Periode zuzüglich der Zinslast aus der vergangenen Periode müssen den Nettosteuereinnahmen aus dieser Periode und der Neuverschuldung entsprechen. In einer asymptotischen Betrachtung auf der Basis einer unendlichen Anzahl an Perioden lautet die Budgetrestriktion der Regierung:

$$(\mathbf{2.2}) \quad \sum_{t}^{\infty} [G_t / (1+r)^t] + b_0 = \sum_{t}^{\infty} [\tau_t / (1+r)^t].$$

Der Strom der Einnahmen zuzüglich der anfänglichen Staatsverschuldung muss dem Strom der Steuern entsprechen. Es werden administrative Kosten in Betracht gezogen, die aus der Steuererhebung resultieren. $Z_t = F(\tau_t, Y_t) = \tau_t f(\tau_t / Y_t)$. Die Kosten sind mit den Steuern der aktuellen Periode τ_t positiv und mit den Ressourcen Y_t, die die Steuerbemessungsgrundlage bilden, negativ korreliert. Der Gegenwartswert aller zu erwartenden Kosten bei unendlich vielen Perioden lautet

$$(\mathbf{2.3}) \quad Z = \sum_{t=1}^{\infty} \tau_t f(\tau_t / Y_t) / (1+r)^t$$

---

11 Wellisch (1999, S. 3)

Die Regierung hat das Ziel die Kosten zu minimieren, dazu bestimmt sie den optimalen Steuersatz. Das Verhältnis der Steuern zwischen der Ermessensgrundlage des Einkommens τ/Y soll dabei über alle Perioden konstant gehalten werden. Die Steuerglättung verfolgt langfristig konstante Steuereinnahmen. Dieser Sachverhalt wird in der Abbildung 1 dargestellt. Barro (*ibidem*) stellt einen Zusammenhang zwischen der Verschuldung und den Steuereinnahmen fest. Dieser Zusammenhang trifft insbesondere in Kriegszeiten zu. Die Verschuldung variiert mit dem Ziel, eine Konstanz in den Steuereinnahmen zu erzielen. In der Periode von 0 bis t bleiben die öffentlichen Ausgaben konstant. Im Zeitpunkt t setzt ein negativer Schock (z. B. ein Krieg) ein. Die Regierung erwartet, dass dieser Schock bis zum Zeitpunkt $t+n$ anhalten wird. Die optimale fiskalpolitsche Empfehlung lautet, den Steuersatz leicht zu erhöhen und ihn auch nach Ende des Schocks beizubehalten. Infolgedessen entsteht während der Periode von t bis $t+n$ ein Budgetdefizit, das von einem Budgetüberschuss nach dem Zeitpunkt $t+n$ ausgeglichen wird.

Abbildung 1: Steuerglättungstheorie

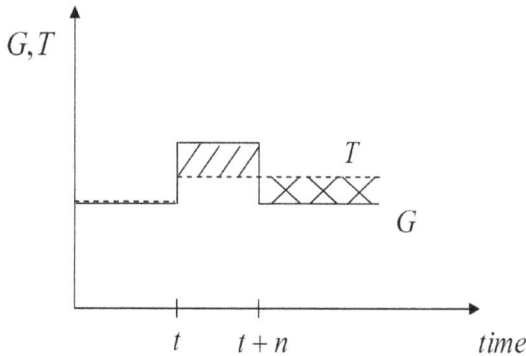

Quelle: Alesina Perotti (1994, Abbildung 4)

Ungleichheiten in den Ausgaben und Einnahmen werden durch die Änderungen im Laufe des Konjunkturzyklus ausgeglichen. Während der Rezession entstehen Haushaltsdefizite und während eines Aufschwungs werden Haushaltsüberschüsse erwirtschaftet. Dabei spielen allerdings die Erwartungen bzgl. der wirtschaftlichen und politischen Lage in der Gestaltung der Fiskalpolitik eine herausragende Rolle[12].

---

12 Eine abrupte Erhöhung der öffentlichen Ausgaben kann die ausgleichende Wirkung des Konjunkturzyklus auf die öffentlichen Ausgaben vorwegnehmen, Alesina, Perotti (1994).

Es wird im Grunde genommen eine Budgetierungsregel der zyklischen Haushalts-konsolidierung verfolgt. Eine Stabilisierungspolitik im keynesianischen Sinne ist nicht notwendig.

Die empirische Evidenz zeigt, dass während den Konjunkturphasen die Ver-schuldungsquote variiert, während den Kriegszeiten Defizite entstehen und während den Friedenszeiten langfristig gesehen Haushaltsüberschüsse erwirtschaftet werden. Damit ist der theoretische Zusammenhang empirisch stichhaltig. Alesina und Perotti (1994) sind der Ansicht, dass diese Erklärung der Staatsverschuldung die anfänglichen Erhöhungen der Verschuldungsquote in den OECD-Ländern während der Rezession in den Jahren 1973–74 erklärt, jedoch nicht den immensen Anstieg danach. Die Theorie der Steuerglättung liefert auch keine Begründung für die unterschiedlichen Verschuldungsquoten in den verschiedenen Ländern. Die Auswirkungen falscher Erwartungen der Regierungen und länderspezifischer Schocks in diesen Ländern liefern einen Erklärungsgehalt im theoretischen Zu-sammenhang. Als temporäre Erscheinungen können sie aber nicht die Persistenz der empirischen Ergebnisse begründen. Deswegen befürworten die Autoren al-ternative Erklärungsansätze.[13]

---

13 Alesina Perotti (1994, S. 9)

3 Staatsverschuldung im politischen Prozess

3.1 Öffentliche Ausgaben als Strategievariable

Der folgende Abschnitt behandelt das Modell von Alesina und Tabellini (1990) zur Erklärung der Staatsverschuldung. Die Staatsverschuldung wird im Modell als strategische Variable im politischen Prozess verwendet (*deficit bias*). Die aus dem Amt scheidende Regierung tätigt übermäßige Ausgaben, die den eigenen Präferenzen entsprechen.

3.1.1 Modellannahmen

Die Individuen einer Gesellschaft haben unterschiedliche Präferenzen bzgl. der öffentlichen Güter. Die Regierung entscheidet in jeder Periode über die Zusammensetzung der öffentlichen Ausgaben. Es existieren zwei konkurrierende Parteien D und R, die im Wahlkampf mit unterschiedlichen politischen Gütern um die Stimmen der Wählerschaft werben, aber den selben Steuersatz und die selbe Höhe des Konsums von öffentlichen Gütern anbieten. Die Regierungen müssen zwei Aspekte in ihren Wahlstrategien beachten: Die Regierung muss zum einen die Höhe des Haushaltdefizits festlegen und zum anderen die Höhe der Steuern und der öffentlichen Güter für das geltende Haushaltdefizit bestimmen. Die Höhe des öffentlichen Konsums und der Freizeit der folgenden Legislaturperiode sind positiv mit dem gewählten Niveau der Staatsverschuldung korreliert.

3.1.2 Höhe der öffentlichen Ausgaben

In einem 2-Perioden-Modell wird nun das Verhalten der Regierung für einen gegeben Verschuldungstand betrachtet. In der 1. Periode wird die öffentliche Ausgabenhöhe für die 1. Periode bestimmt. Diese Ausgaben werden über Schulden finanziert und in der 2. Periode getilgt. Die Regierung sorgt dafür, dass die Wählerschaft den privaten Konsum c_t und die Freizeit x_t optimiert. Der Nutzen aus dem öffentlichen Konsum ergibt sich als Residualgröße des privaten Konsums und der Freizeit.

(3.1) $Max_{c_t, x_t} [u(c_t) + v(x_t) + h(1 - c_t - x_t)]$

Die amtierende Regierung wählt die öffentlichen Ausgaben entsprechend den eigenen Präferenzen, die für die Nachfolgeregierung nicht von Interesse sind. Die Regierung muss dabei achten, dass der Nutzen, der durch die Staatsverschuldung gestiftet wird, nicht ungleichmäßig auf die Freizeit oder den Konsum verteilt wird. Der Anteil dieses Nutzens, der auf die Freizeit entfällt, darf den Anteil des Konsums abzüglich der Verschuldung in der 1. Periode und den diskontierten Konsum anteiligen Teil der Verschuldung der 2. Periode nicht überschreiten:

$$\textbf{(3.2)} \ \ H(b_{t+1}, b_t, c_t, x_t) = (c_t - b_t)u_c(c_t) + \delta u(c_{t+1})b_{t+1} - (1 - x_t)v_x(x_t) \geq 0$$

Das optimale Ergebnis lautet für die Regierung, dass der Nutzen aus dem privaten Konsum dem Nutzen aus der Freizeit entsprechen muss:

$$\textbf{(3.3)} \ \ H_x(h_g - u_c) = H_c(h_g - v_x)$$

Auf eine erhöhte Verschuldung reagiert die Regierung mit einer zusätzlichen Steuererhöhung und einer Kürzung der öffentlichen Ausgaben. Die Zielfunktion der Regierung lautet: $R^e(b_t, b_{t+1})$. Die optimale Freizeit und der Konsum sind demnach von der Verschuldung abhängige Funktionen. Die Zielfunktion der Oppositionspartei lautet:

$$\textbf{(3.4)} \ \ \begin{aligned} R^N(b_t, b_{t+1}) &= u(c^*(b_t, b_{t+1})) + v(x^*(b_t, b_{t+1})) \\ &= R^e(b_t, b_{t+1}) - h(g^*(b_t, b_{t+1}) \end{aligned}$$

Der private Sektor reagiert dagegen mit erhöhtem privaten Konsum und erhöhter Freizeit. In der letzten Periode der Regierungszeit senkt die Regierung den öffentlichen Konsum und erhöht die Steuern, wenn sie von einem Wahlsieg ausgeht.

Vor der 2. Periode finden Wahlen statt. Die Parteien müssen in ihrem Optimierungskalkül den Ausgang der Wahlen mitberücksichtigen. Partei D regiert in der 1. Periode und hat somit das Maximierungsproblem:

$$\textbf{(3.5)} \ \ Max_{b_1} V(0) = R^e(0, b_i) + \delta[PR^e(b_1, 0) + (1 - P)R^N(b_1, 0)]$$

Die amtierende Regierung maximiert den Nutzen bezüglich der Verschuldung über zwei Perioden, indem sie ihren Nutzen als Funktion der Verschuldung maximiert und die Wahrscheinlichkeiten ihrer Wiederwahl bzw. Abwahl und die entsprechend geltende Nutzenfunktion in ihre Berechnungen einbezieht.

Die Lösung des Problems muss die erste Ableitung des Maximierungsproblems **(3.6)** erfüllen: **(3.7)** $R_2^e(0, b_t) = -\delta[PR_1^e(b_1, 0) + (1 - P)R_1^N(b_1, 0)]$

Die linke Seite der Gleichung gibt den marginalen Nutzen der Verschuldung an. Die Rechte Seite zeigt den diskontierten Wert der erwarteten marginalen Kosten der zukünftigen Verschuldung.

Bei der Festlegung der optimalen Verschuldungshöhe muss der Nutzen den marginalen Kosten der Verschuldung entsprechen. Sie schränkt damit den Handlungsspielraum der Nachfolge Regierung bzgl. der Ausgabenpolitik ein, indem sie ihr die eigenen Schulden vererbt. Die Schulden bedeuten zugleich höhere Steuern. Da die eigenen Ausgaben aber auch über die Steuern der 2. Periode finanziert werden müssen, erhöht die Verschuldung die marginalen Kosten der öffentlichen Ausgaben.

Mit steigender Wahrscheinlichkeit einer Abwahl der Regierung, steigen die marginalen Kosten der aktuellen Verschuldung, deren Zinslast in die zukünftige Amtszeit transferiert wird. Eine Regierung, deren Wiederwahl wahrscheinlich ist, wird von einer zusätzlichen Ausdehnung des Schuldenstandes absehen. Mit sinkender Wahrscheinlichkeit der Wiederwahl sinkt dagegen die Bereitschaft die Verschuldung zu senken oder die Schulden zu internalisieren, d. h. die Kosten der Verschuldung durch Steuererhöhungen zu begleichen.

3.1.3 Soziale Planer

Es wird nun eine Gesellschaft ohne politischen Wettbewerb angenommen, in der ein sozialer Planer die wirtschaftspolitischen Entscheidungen trifft. Seinen Planungen liegt ein unbegrenzter Zeithorizont zu Grunde. Er stellt für jede Periode einen ausgeglichenen Haushalt her. Die Verschuldung beträgt null ($b = 0$). Der Soziale Planer kennt die Präferenzen aller Individuen der Gesellschaft. Somit entspricht der Warenkorb der öffentlichen Güter dem gewichteten arithmetischen Mittel der Präferenzen der Wählerschaft bzw. Konsumenten. Das Optimierungskalkül im unbegrenzten Zeithorizont lautet:

$$(3.8) \quad V^e(b_t) = Max_{b_{t+1}} \{ R^e(b_t, b_{t+1}) + \delta V^e(b_{t+1}) \}$$

Der soziale Planer kennt die Gewichtung der öffentlichen Ausgaben und die Verschuldung nicht nur in den zwei Perioden, sondern über alle Perioden hinweg. Es existieren somit keine Unsicherheiten hinlänglich der Höhe der öffentlichen Ausgaben und der Verschuldung. Alle Regierungsentscheidungen werden nach vorgegeben Parametern getroffen.

3.1.4 Schlussfolgerung

In einem 2-Perioden-Modell sind sich die Parteien über die Zusammensetzung der öffentlichen Ausgaben uneinig und geben mehr aus als ein sozialer Planer. Im „2-Perioden Modell" und politischem Wettbewerb muss die Regierung die Kosten und die Nutzen der Verschuldung abwägen. Entscheidend dabei ist die

Wahrscheinlichkeit der Wiederwahl. Schuldenfinanzierte zusätzliche Ausgaben sind bei einer hohen Wahrscheinlichkeit der Abwahl der Regierungspartei attraktiv, weil die Ausgaben gemäß ihren Präferenzen nach ihrer Amtszeit *quasi* fortgesetzt werden. Die Parteien internalisieren die Kosten nicht ganz. Der neuen Regierung werden die Hände gebunden, neue Ausgaben in Angriff zunehmen. Die marginalen Kosten der Verschuldung werden durch die Wahrscheinlichkeit der Abwahl erhöht. Die Folge ist eine Erhöhung der Steuern und eine Minderung der öffentlichen Ausgaben, um die Schulden in der nächsten Periode zurückzuzahlen. In einem Modell mit einem unbegrenzten Zeitraum entspricht das der Zinslast der Verschuldung. Mit der Uneinigkeit der Wähler über die Zusammensetzung der öffentlichen Ausgaben erhöht sich die Verschuldung. Für eine politisch gespaltenere Gesellschaft ist die Gefahr für Haushaltdefizite höher. Politische Polarisation und Instabilität bedeuten ein höheres Ausmaß an Schulden.

3.2 Staatsdefizit als Strategievariable

Persson und Svensson (1989) entwickelten ein ähnliches Modell, in dem die öffentlichen Ausgaben als strategische Variable fungieren, falls die Regierungspartei befürchtet die Wahlen nicht zu gewinnen. Die Höhe des Staatsdefizits ist im Modell die ausschlaggebende Größe.

3.2.1 Modellannahmen

Persson und Svensson (1989) stellen das strategische Verhalten der Parteien, die die Verschuldung als strategische Variable nutzen in einem 2-Perioden-Modell dar. Es existieren zwei Parteien, die nach der 1. Periode in einer Regierungswahl gegeneinander antreten.

Die Nutzenfunktion der Individuen wird im Hinblick auf das Verhalten der Regierung betrachtet. Die relevante Größe ist der Nettolohnsatz nach Abzug der Steuern w und somit die Arbeitsangebotsfunktion $L(w)$ für beide Perioden.

Die Nutzenfunktion der Regierung setzt sich aus der Nutzenfunktion der Individuen und der Präferenz der Regierung für den öffentlichen Konsum zusammen. Die Regierung maximiert ihre Nutzenfunktion:

(3.9) $U(w_1, w_2) + v^1(g)$ unter den Beschränkungen, dass das Nettoeinkommen aus dem Arbeitsangebot der 2. Periode der Verschuldung und dem öffentlichen Konsum entsprechen muss **(3.10)** $(1 - w_2)L_2(w_2) = b + g$.

In der 1. Periode stehen der Regierung das Nettoeinkommen aus dem Arbeitsangebot der 1. Periode und die aufgenommene Staatsverschuldung zur

Verfügung (**3.11**) $(1-w_1)L_1(w_1) = -b$. Die öffentlichen Ausgaben g erfolgen nur in der 2. Periode. Die Lösung für die optimale Fiskalpolitk ergibt sich in 2 Schritten:

Erstens, aus der Sicht der Regierung kann der Nettolohnsatz als Funktion der Verschuldung und der Ausgaben ausgedrückt werden: (**3.11**) $w_1(b)$, $w_2(b+g)$ Daraus ergibt sich für die Zielfunktion der Regierung eine neue Nutzenfunktion der Individuen (**3.12**) $V(b,g) = U(w_1(b), w_2(b+g))$.

Zweitens, für einen gegebenen öffentlichen Konsum wird die Höhe der bevorzugten Verschuldung gewählt. Die von der Regierung bevorzugte Verschuldungspolitik, die als *preferred-debt function b(g)* bezeichnet wird, wird in die neue Nutzenfunktion (**3.12**) eingesetzt. Die optimale Verschuldungshöhe wird durch die Ableitung dieser Funktion erreicht (**3.12**) $V_b(b(g),g) = 0$.

Unter der Verwendung dieser Lösungsschritte ergibt sich daraus die indirekte Nutzenfunktion der Regierung als eine von dem öffentlichen Konsum abhängige Funktion: $\overline{V}(g) = V(b(g),g)$ Nach dem Hinzufügen der öffentlichen Konsumfunktion $v^1(g)$ ergibt sich die zu maximierende Zielfunktion der Regierung $W^1(b,g)$, die als unabhängige Variable lediglich den öffentlichen Konsum besitzt $W^1(b,g) = \overline{V}(g) + v^1(g)$.

Die Individuen tragen als Steuerzahler die Kosten des öffentlichen Konsums. Eine Erhöhung der öffentlichen Ausgaben wirkt sich negativ auf die Nutzenfunktion der Individuen aus. Da in der Zielfunktion der Regierung auch die Nutzenfunktion der Individuen enthalten ist, können die marginalen Kosten des öffentlichen Konsums seitens der Regierung als $\overline{V}_g(g)$ angegeben werden. Der marginale Nutzen, den die Regierung aus dem öffentlichen Konsum zieht, ist als Funktion des Regierungskonsums in der 1. Periode $V_g(g)$ angegeben. Im Optimum der Fiskalpolitik der Regierung 1 über 2 Perioden hinweg muss der marginale Nutzen des Regierungskonsums den ex ante[14] marginalen Kosten des Regierungskonsums entsprechen. Diese Konstellation wird graphisch im Punkt (A)[15] $\overline{\lambda}(g) = \mu^1(g)$ erreicht (Abbildung 2).

---

14 , d. h. die marginalen Kosten des öffentlichen Konsums durch die Regierung, die vor dem Ausgang der Wahlen gültig sind.

15 In der graphischen Darstellung werden die ex ante margin alen Nutzen der Regierung als $\mu^1(g) = \overline{V}_g(g)$ und die ex ante marginalen Kosten als $\overline{\lambda}(g) = v_g^1(g)$ angegeben.

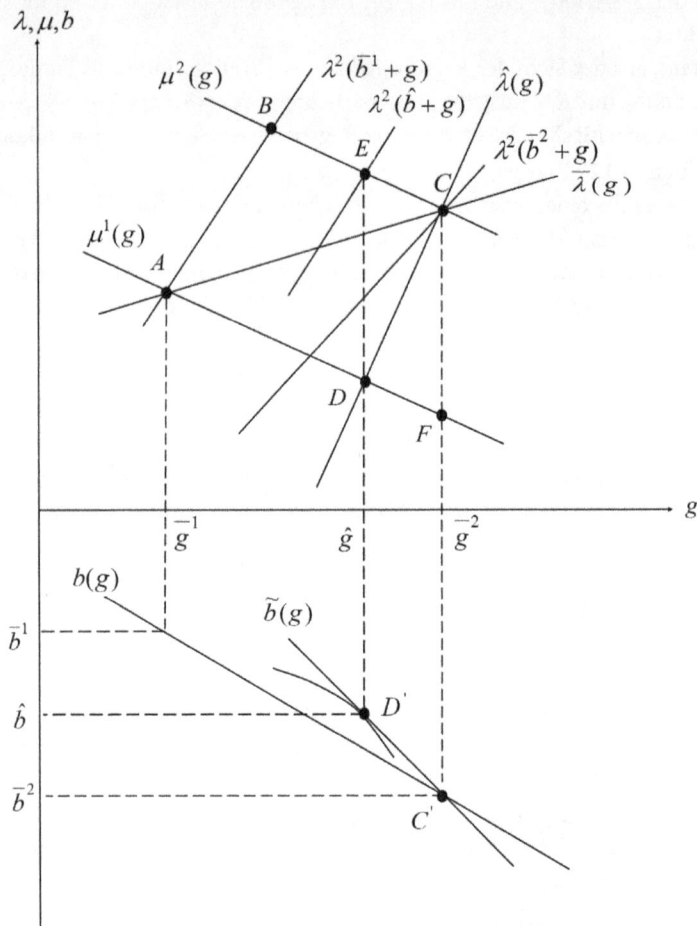

Abbildung 2: *Staatsverschuldung als Strategievariable im politischen Prozess*

Quelle: Persson, Svensson (1989, Abbildung 2)

3.2.2 Wiederwahl der Regierung

Es wird nun der Fall untersucht, bei dem die Regierung 1 über zwei Perioden an der Macht bleibt. In der 2. Periode muss die Regierung 1 mit den Steuereinnahmen aus der 1. Periode, den öffentlichen Konsum g und die Staatsverschuldung $\overline{b}^1$ zurückzahlen. Die Regierung 1 verhält sich zeitkonsistent, wenn die ex post marginalen Kosten des öffentlichen Konsums dem marginalen Nutzen des Regierungskonsums entsprechen $\lambda^2(\overline{b}^1 + g) = \mu^1(g)$. Die optimale Fiskalpolitik wird in der graphischen Darstellung wieder im Punkt (A) erreicht. Die Regierung setzt ihre Fiskalpolitik aus der 1. Periode auch in der 2. Periode konsistent fort. Die fiskalischen Präferenzen der Regierung ändern sich nicht schlagartig nach dem Ausgang der Wahlen.

Den Individuen steht in der 2. Periode nun auch der öffentliche Konsum zur Verfügung. Die Nutzenfunktion beinhaltet den öffentlichen Konsum und somit auch den Steuersatz in der 2. Periode. Die Regierung wählt die Höhe des öffentlichen Konsums, der dem optimalen Kalkül entspricht. Wenn sich der öffentliche Konsum ex post erhöht, kann die Regierung nur mit einer Steuererhöhung in der 2. Periode auf die neue Situation reagieren. Die Kurve der marginalen Kosten ist in der 2. Periode nun steiler, da sich der Steuersatz für die 2. Periode ändert, gleichzeitig aber die Steuern für die 1. Periode vorgegeben sind.

3.2.3 Abwahl der Regierung

Es wird nun der Fall untersucht, bei dem eine neue Regierung (Regierung 2) nach den Wahlen in der 2. Periode an die Macht kommt. Die Regierung 2 hat andere Präferenzen für den öffentlichen Konsum. Ihre Nutzenfunktion für den öffentlichen Konsum lautet: $v^2(g)$. Die Regierung 2 sieht sich mit der selben Besteuerungsproblematik konfrontiert wie ihre Vorgängerin.

Für die Regierung 2 ist der marginale Nutzen des öffentlichen Konsums für jedes Ausmaß des öffentlichen Konsums höher als für die Regierung 1. Wenn sie in der 2. Periode an die Macht kommt, wird ihnen eine Verschuldung in Höhe von $\overline{b}^1$ vererbt. Die neue Regierung passt die ex post marginalen Kosten der Regierung 1 ihrem eigenen marginalen Nutzen an; sie wählt den Punkt (B).

Die Regierung 2 würde allerdings den Punkt (C) wählen, wenn sie über 2 Perioden an der Macht wäre. Die ex post marginalen Kosten der Regierung 2 würden ihrer marginalen Nutzenfunktion entsprechen:

$$(3.13) \quad \lambda^2(\overline{b}^2 + g) = \mu^2(g)$$

Die *preferred-debt function* b(g) gilt gleichmaßen für beide Regierungen, da sie von der indirekten Nutzenfunktion V(b, g) abhängt und nicht von den jeweiligen Präferenzen der Regierungen für den öffentlichen Konsum.

Aus der *preferred-debt function* b(g) kann die erwünschte Höhe der Verschuldung und des öffentlichen Konsums $\overline{b}^2$ und $\overline{g}^2$ abgeleitet werden. Der Konsum der Regierung 2 ist eine Funktion der geerbten Verschuldung *required-debt function* $\tilde{b}(g)$ und kann als die Inverse der *preferred-debt function* b(g) angesehen werden. Zusätzlich erfüllt die Regierung 2 mit $\bar{b}^2$ und $\bar{g}^2$ auch die *required-debt function* $\tilde{b}(g)$.

Die vererbte Verschuldung ermöglicht es der Regierung 2 nicht, die öffentlichen Ausgaben zu tätigen, die intertemporal nach ihren Präferenzen optimal sind.

3.2.4 Antizipation der Abwahl

Es soll nun der Fall betrachtet werden, bei dem die Regierung 1 an der Macht ist, aber ihre Abwahl in der 2. Periode antizipiert. Die Regierung 1 maximiert ihre Zielfunktion $W^1(b,g)$ im Hinblick auf die Verschuldung *required-debt function* $\tilde{b}(g)$. Als Ergebnis stellt sich für die Verschuldungshöhe $\hat{b} = b(g)$ und für den öffentlichen Konsum $\hat{g}$ heraus. Die indirekte Nutzenfunktion der Regierung kann als $\hat{V}(g) = V(\tilde{b}(g),g)$ umgeschrieben werden. Die marginalen Kosten des öffentlichen Konsums lauten dann $\hat{\lambda}(g) = -\hat{V}_g(g)$.

Als Ergebnis der neuen Zielfunktion und somit auch der optimalen Fiskalpolitik $\hat{V}(g) + v^1(g)$ ergibt sich $\hat{\lambda}(g) = \mu^1(g)$. Die marginalen Kosten des öffentlichen Konsums entsprechen dem marginalen Nutzen im Punkt (D).

Als Folgerung daraus kann ein strategisches Kalkül abgeleitet werden. Die Regierung 1 hinterlässt im betrachteten Fall ihrer Nachfolgerin eine Schuldenhöhe, die höher ist, als die von der Regierung 2 erwünschte Verschuldungshöhe $\hat{b} > b^2$[16].

Wenn die Regierung 1 ihrer Nachfolgerin die erwünschte Verschuldungshöhe in der 2. Periode überlassen würde, um keine Verzerrungen in der Staatsverschuldung hervorzurufen, müsste sie ihr den Schuldenstand von b^2 überlassen. Die Regierung 2 könnte dann ihren erwünschten Konsum in Höhe von $\bar{g}^2$ tätigen.

Für die Regierung 1 bedeutet diese Fiskalpolitik einen zu hohen öffentlichen Konsum: Die Differenz zwischen dem marginalen Nutzen und den marginalen Kosten des öffentlichen Konsums, die graphisch als der Abstand zwischen F und C dargestellt werden kann, fällt negativ aus.

Die Regierung 1 verschiebt daher ihre Kostenkurve nach links, erhöht die Verschuldungshöhe und zwingt die Nachfolgeregierung dazu, die Ausgaben zu kürzen. Dadurch fallen die Steuern der 1. Periode relativ gering aus. Die Verschuldung muss über die Steuern der 2. Periode finanziert werden.

Es gibt 2 Arten von Verzerrungen in der Budgetpolitik: Wenn die Nutzenfunktion der Regierung 1 bzgl. des öffentlichen Konsums relativ steil ist, legt

---

16 Ob die Höhe des öffentlichen Konsums höher oder niedriger als die erwünschte Verschuldungshöhe der Regierung 1 liegt, hängt davon ab, ob die marginale Nutzenfunktion der Regierung 2 – μ_g^2 steiler oder flacher als die der Regierung 1 ist – μ_g^1, Persson, Svensson (1989, S. 335).

sie hohen Wert darauf, dass der Regierungswechsel nicht zu Verzerrrungen im Volumen des öffentlichen Konsums führt (*volume distortion*). Sie wird im Falle eines Regierungswechsels mit einer Erhöhung der Verschuldung reagieren (*intertemporal distortion*).

Es kann zum einem Fall kommen, bei der die Regierung 1 sogar einen Schuldenstand hinterlässt, der höher ausfällt als die Verschuldung, die sie bei einer Amtszeit über zwei Perioden verursacht hätte. "*In this case, we say that government 1 is stubborn.*" (Persson, Svensson). Sturheit in diesem Sinne bedeutet, dass die Regierung ungeachtet der Wohlfahrtseffekte an ihrer bevorzugten Ausgabenhöhe festhält.

Die Vererbung eines höheren Schuldstandes trifft nur für den Machtwechsel von rechts nach links zu. Sturheit betrifft jedoch linke Regierungen ebenso. Sie werden jedoch bei einer drohenden Abwahl Schulden vermeiden, um genügend Spielraum im Staatshaushalt für Ausgaben in der kommenden Regierungszeit zu schaffen. Die Regierungen haben verschiedene Nutzenfunktionen der öffentlichen Ausgaben. Eine höhere politische Instabilität führt in diesem Modell nicht *per se* zu einer höheren Verschuldung, sondern zu einer höheren Volatilität der Verschuldung.

4 Wahlen und Staatsverschuldung

4.1 Wahlverfahren und öffentliche Ausgaben

Zahlreiche Untersuchungen in der Literatur mit der Theorierichtung der *electoral institutionalists* behandeln den Einfluss der Wahlverfahren auf die legislativen Mehrheitsverhältnisse und folglich auch auf die Regierungstypen.

4.1.1 Modellannahmen

Das folgende Modell von Milesi-Ferretti, Perotti und Rostagno (2001) untersucht die Effekte der Wahlverfahren auf die Zusammensetzung und die Höhe der öffentlichen Ausgaben. In einem Land gibt es drei soziale Gruppen A, B und C mit den Größen μ_A, μ_B und μ_C. Die Größen können zwischen 50 % und 25 % variieren. Das Land besteht aus 3 geographischen Einheiten. In allen 3 Wahlbezirken sind die sozialen Schichten identisch verteilt. Es gibt zwei Arten von öffentlichen Ausgaben: Transferzahlungen sind meistens an den sozialen Status gebunden und Ausgaben für Güter und Dienstleistungen sind lokal verankert. Die Nutzenfunktion eines Individuums i der sozialen Gruppe j setzt sich aus den Transferzahlungen s_j bzw. den erhaltenen Gütern und Dienstleistungen g_k im Bezirk k nach Abzug der Steuerleistungen zusammen

(4.1) $U_{ijk} = (1-t)^{\alpha_i \beta_i} s_j^{\alpha_i(1-\beta_i)} g_k^{1-\alpha_i}$, $\alpha, \beta \in (0,1)$

Die Repräsentanten werden gewählt und bestimmen anschließend die Höhe der Steuern, der Transferzahlungen und der öffentlich bereitgestellten Güter und Dienstleistungen. Die Wahl der Repräsentanten wird nun im Rahmen zwei verschiedener Wahlverfahren dargestellt. In beiden Wahlverfahren werden insgesamt drei Repräsentanten gewählt. In dem einen Fall wird nach dem Mehrheitswahlrecht (plurality rule)[17] gewählt. In dem anderen Fall gilt auf landesweiter Ebene dagegen das Verhältniswahlrecht[18]. Den Repräsentativen der sozialen Gruppe j verschiedener Regionen stiften die Transferzahlungen s_j denselben Nutzen, jedoch variiert der Nutzen aus den öffentlich bereitgestellten Gütern g.

---

17 In einem Wahlkreis gewinnt der Kandidat mit den meisten Stimmen die Wahl; vgl. Persson, Tabellini (2003).

18 Die erhaltenen Stimmenanteile in den Wahlkreisen werden bei der Verteilung der Parlamentssitze aggregiert; vgl. Persson, Tabellini (2003).

Die nächste Stufe betrifft die Regierungsbildung. Einer der Repräsentativen wird nach dem Zufallsprinzip dazu auserwählt, die Regierung zu bilden. Als Premierminister unterbreitet er den beiden anderen Repräsentativen nacheinander ein Angebot zur Regierungsbildung. Die Regierung kommt zustande, wenn einer der beiden das Angebot akzeptiert. Die Regierung entsteht mit dem Erreichen der minimal durchsetzbaren Mehrheit. Die Regierungsmacht wird nicht durch den Einbezug eines dritten Regierungsmitglieds geteilt. Differenzen in der Regierungsbildung kommen nur durch die Wahl unterschiedlicher Repräsentanten zustande.

4.1.2 Mehrheitswahlrecht

Da die soziale Zusammensetzung in allen 3 Wahlbezirken identisch ist, gehören alle drei Repräsentanten zu der selben sozialen Gruppe, die das größte Wählerpotential hat, z. B. B. Die Präferenzen der Repräsentanten unterscheiden sich für die Art der Transferleistungen[19] nicht, da sie für ihre politische Klientel die gleichen sind. Es existieren jedoch unterschiedliche Präferenzen für die öffentlichen Ausgaben, die für jeden Wahlkreis unabhängig getätigt werden[20]. Die Regierung setzt sich aus 2 Repräsentanten zusammen, die in den Wahlkreisen k_1 und k_2 gewählt wurden.

Die Regierung setzt ihre Regierungspolitik fest, indem sie ihre Nutzenfunktion (4.2) maximiert, die sich aus der mit den Präferenzen der Repräsentanten gewichteten Nutzenfunktion der Individuen zusammensetzt.

$$
(4.3) \quad
\begin{aligned}
V^M(k_1, k_2) &= (\alpha^*_{k_1} \beta^*_{k_1} + \alpha^*_{k_2} \beta^*_{k_2}) \log(1-t) + (\alpha^*_{k_1}(1-\beta^*_{k_1}) \\
&\quad + \alpha^*_{k_2}(1-\beta^*_{k_2})) \log s_B + (1-\alpha^*_{k_1}) \log g_{k_1} + (1-\alpha^*_{k_2}) \log g_{k_2}
\end{aligned}
$$

Die Parameter $\alpha^*_{k_2}$ und $\beta^*_{k_2}$ drücken die Präferenzen der Repräsentanten aus. Die geleisteten Transferleistungen und bereitgestellten öffentlichen Güter und Dienstleistungen muss die Regierung über ihre Steuereinnahmen t begleichen. Sie muss daher ihre Budgetrestriktion (4.4) $t = \mu_B s_B + g_{k_1} + g_{k_2}$ berücksichtigen. Das Maximierungsproblem ergibt für die optimalen Steuern, Transferleistungen und bereitgestellten öffentlichen Güter und Dienstleistungen nach der Maximierung von Gleichung (4.3) die folgenden Lösungen:

---

19 Subventioniere Kredite oder eine Senkung der Gewerbesteuer würden für die gleiche soziale Gruppe zutreffen.
20 Als Beispiele hierfür lassen sich Krankenhäuser, Flughäfen, Kindergärten usw. nennen.

$$t^M(k_1,k_2) = \frac{2-(\alpha_{k_1}^*\beta_{k_1}^* + \alpha_{k_2}^*\beta_{k_2}^*)}{2}, \quad g_{k_1}^M(k_1,k_2) = \frac{1-\alpha_{k_1}^*}{2}$$

$$(4.4) \quad g_{k_2}^M(k_1,k_2) = \frac{1-\alpha_{k2}^*}{2}, \quad s_A^M(k_1,k_2) = 0, \quad s_C^M(k_1,k_2) = 0$$

$$g^M(k_1,k_2) = g_{k_1}^M(k_1,k_2) + g_{k_2}^M(k_1,k_2) = \frac{2-\alpha_{k_1}^* - \alpha_{k2}^*}{2}$$

Es wird angenommen, dass der Wähler mit den Medianwerten für die Parameter α und β der entscheidende Wähler bei den Wahlen ist. Der Medianwähler maximiert die Nutzenfunktion[21]:

$$(4.5) \quad E(V_{mBk_1}^M) = \sum_{r=2}^{3} [\alpha_m\beta_m \log(1-t^M(k_1,k_2)) + \alpha_m(1-\beta_m)\log s_B^M(k_1,k_r) + (1-\alpha_m)\log g_{k_1}^M(k_1,k_r)]$$

Als Lösung des Optimierungsproblems ergeben sich für die Parameter der Präferenzen die Werte:

$$(4.6) \quad \alpha^{*M} = \frac{\alpha_m}{2-\alpha_m}, \quad \beta^{*M} = \beta_m$$

Der Medianwähler entscheidet sich für einen Abgeordneten dessen Präferenzwert für β gleich dem Medianwert und der Wert für α unter dem Medianwert liegt. Als entscheidendes Kriterium bei der Stimmenabgabe des Medianwählers gilt, dass der Medianwähler den Kandidaten bevorzugt, der höhere Ausgaben für öffentliche Güter und Dienstleistungen als für Transferleistungen verspricht. Da die Transferleistungen für jeden Wahlbezirk und für jedes Individuum auf die gleiche Weise getätigt werden. Existieren nur Differenzen hinlänglich der Bereitstellung der öffentlichen Güter. Die Individuen der gleichen sozialen Schicht haben unterschiedliche Präferenzen diesbezüglich. Der Medianwähler wählt den Kandidaten, dessen Präferenzen für die öffentlichen Güter auch seinen eigenen entsprechen. Insgesamt ergeben sich hohe Kosten für öffentliche Güter in beiden Wahlkreisen.

4.1.3 Verhältniswahlrecht

Es können Repräsentanten von allen 3 sozialen Gruppen gewählt werden und die Regierung bilden. Da eine Gruppe maximal 50 % aber mindestens 25 % der Stim-

---

21 Die Nutzenfunktion (4.6) wird durch das Logarithmieren der Nutzenfunktion (4.1) erreicht.

men bekommt. Die Regierung wird von Repräsentanten der 2 unterschiedlichen Gruppen j_1 und j_2 gebildet. Die Regierung maximiert ihren Nutzen, indem sie die Steuern, die Transferleistungen, die öffentlichen Güter und Dienstleistungen entsprechend den Präferenzen ihrer politischen Klientel auf ihre eigenen sozialen Gruppen alloziiert:

$$(4.7) \quad \begin{aligned} V^P(j_1, j_2) &= (\alpha_{j_1}^* \beta_{j_1}^* + \alpha_{j_2}^* \beta_{k_2}^*) \log(1-t) + (\alpha_{j_1}^*(1-\beta_{j_1}^*)) \log s_{j_1} \\ &+ (\alpha(1-\beta_{k_2}^*)) \log s_{j_2} + (2 - \alpha_{j_1}^* - \alpha_{j_2}^*) \log(g/3) \end{aligned}$$

Die Budgetrestriktion der Regierung berücksichtigt nun die Transferleistungen an die beiden unterschiedlichen sozialen Gruppen: $t = \mu_{j_1} s_{j_1} + \mu_{j_2} g_{j_2} + g$

Die Auflösung des Optimierungsproblems nach den Parametern ergibt folgende Lösungen:

$$(4.8) \quad t^P(j_1, j_2) = \frac{2 - (\alpha_{j_1}^* \beta_{j_1}^* + \alpha_{j_2}^* \beta_{j_2}^*)}{2}$$

$$s_{j_2}^P(j_1, j_2) = \frac{\alpha_{j_1}^*(1-\beta_{j_1}^*)}{2} , \; s_{j_2}^P(j_1, j_2) = \frac{a_{j_2}^*(1-\beta_{j_2}^*)}{2} , \; s_{j_3}^P(j_1, j_2) = 0$$

$$s^P(j_1, j_2) = s_{j_1}^P(j_1, j_2) + s_{j_2}^P(j_1, j_2) = \frac{\alpha_{j_1}^*(1-\beta_{j_1}^*) + \alpha_{j_2}^*(1-\beta_{j_2})}{2}$$

$$g^P(j_1, j_2) = g_{j_1}^P(j_1, j_2) + g_{j_2}^P(j_1, j_2) + g_{j_3}^P(j_1, j_2) = \frac{2 - \alpha_{k_1}^* - \alpha_{k2}^*}{2}$$

Die Repräsentanten werden durch die Wahl des Medianwählers bestimmt. Der Medianwähler der Gruppe j_1 maximiert seine Präferenzen α und β bezüglich der Transferleistungen und öffentlichen Güter bzw. Dienstleistungen

$$(4.9) \quad \begin{aligned} E(V_{j1m}^P) &= \sum_{r=2}^{3} [\alpha_m \beta_m \log(1 - t^P(j_1, j_r)) + \alpha_{m_1}(1-\beta_m) \log s_{j_1}^P(j_1, j_2) \\ &+ (1-\alpha) \log g^P(j_1, j_r)] \end{aligned}$$

Als Lösung des Optimierungsproblems ergeben sich für die Parameter der Präferenzen die Werte:

$$(4.10) \quad \beta^{*P} = \frac{\beta_m}{2 - \beta_m} , \; \alpha^{*P} = \frac{\alpha_m(2 - \beta_m)}{1 + \alpha_m(1 - \beta_m)}$$

Der Medianwähler entscheidet sich für einen Abgeordneten dessen Präferenzwert für α über und der Wert für β unter dem Medianwert liegt. Unter einem Verhältniswahlrecht sind die öffentlich bereitgestellten Güter und Dienstleistungen über verschiedene Regionen hinweg auf die gleiche Art verteilt. Das ganze Land wird *quasi* als einziger Wahlkreis betrachtet, in dem identische öffentliche Ausgaben getätigt werden. Differenzen existieren nur über die Art der Transferleistungen, die die Regierungsmitglieder befürworten. Der Medianwähler versucht die Entscheidungen der Regierung seinen Präferenzen entsprechend zu verzerren, indem er den Kandidaten wählt, dessen Präferenz für Transferleistungen über denen der öffentlichen Güter liegt. Als Ergebnis stellen sich hohe Ausgaben für beide Arten von Transferzahlungen heraus.

Das Modell liefert drei zentrale Aussagen, die sich im Kontext von verschiedenen Wahlsystemen und öffentlichen Ausgaben ergeben: Die Ausgaben für Transferleistungen in Verhältniswahlsystemen fallen höher aus. Dagegen sind die Ausgaben für öffentliche Güter und Dienstleistungen in Mehrheitswahlsystemen größer. Die Gesamtausgaben im Verhältniswahlsystem (Mehrheitswahlsystem) sind höher, falls die Ausgaben für Transferleistungen im Vergleich zu den Ausgaben für öffentliche Güter und Dienstleistungen zu hoch (zu gering) ausfallen.

4.2 Public choice und Staatsverschuldung

4.2.1 Konzept des Public choice-Ansatzes

Buchanan und Wagner beschreiben in einem ihrer bahnbrechenden Arbeiten „Democracy in deficit" (1977) die Staatsverschuldung im Zusammenhang mit der Verfassung, der politischen Entscheidungen und dem Wahlverhalten. Ihr Public choice-Ansatz zur Erklärung der Staatsverschuldung und der Finanzpolitik im Allgemeinen wird nun in seinen Charakteristika dargestellt.

Wenn sich ein Wähler für eine politische Partei entscheidet, hat er nach dem Public choice-Ansatz subjektive Wahrnehmungen zur Auswahl. Die Auswirkungen seiner Entscheidungen auf seine eigene Zukunft kann der Wähler nur schwer abschätzen. Der Preis und die erhaltenen öffentlichen Güter stehen nicht in einem vorgegeben Verhältnis zueinander –, wie es auf dem privaten Markt der Fall ist. Im Unterschied zu privaten Gütern und Dienstleistungen, für die es auf dem Markt einen Preis gibt, unterliegt die Bereitstellung von öffentlichen Gütern und Dienstleistungen einem politischen Prozess.

Der Wähler zahlt seine direkten und indirekten Steuern, anschließend werden im Wahlkampf Versprechungen über die Bereitstellung der öffentlichen Güter gemacht. Die tatsächliche Versorgung der Gesellschaft mit öffentlichen Gütern erfolgt jedoch in einem politischen Prozess. Da die Wahrnehmung der Wähler über die politischen Entscheidungen und Versprechungen nicht objektiv sind, ist es für Institutionen im politischen Prozess möglich die Wahrnehmungen nach ihren eigenen Präferenzen zu verzerren (*fiscal illusion*).

Die Komplexität des Steuersystems führt dazu, dass der individuelle Anteil an den Steuern nicht in geeigneter Weise eingeschätzt wird. Die Komplexität des Steuersystems und des gesamten politischen Prozesses verursachen Informationsassymetrien, die weiterfolgende Kosten verursachen können. Die verschiedenen Finanzierungsformen öffentlicher Güter können Unterschiede in der Wahrnehmung der Wähler bezüglich des Nutzens und der Kosten von öffentlichen Gütern auslösen. Die Politiker unternehmen keine Anstrengungen den einzelnen Wähler weitergehend über ihre Wahlprogramme und -Versprechungen zu informieren. Der einzelne Wähler besitzt nur eine Wählerstimme, die zu schwach ist, um eine besondere Stellung bei den Wahlen zu spielen.

Die Defizitfinanzierung löst ein Wachstum von öffentlichen Ausgaben aus. Die Steuerzahler haben den Eindruck, dass die Kosten für öffentliche Leistungen sinken. Ein erhöhter Konsum an öffentlichen Gütern und Dienstleistungen kann die Folge sein. Wenn die Steuerfinanzierung bestimmter öffentlicher Güter mit weniger Steuermitteln erfolgt, weil diese z. B. für Maßnahmen auf dem Arbeitsmarkt gebraucht werden, verstehen die Individuen das als Zeichen für eine Kostensenkung der öffentlichen Güter und konsumieren umso mehr davon. Sie betrachten die bisher bereitgestellten öffentlichen Güter als *numeraire* und nehmen den Rückgang der Steuermittel als relative Kostenänderung wahr. Die Regierung reagiert nicht schnell genug durch Informationsmaßnahmen über Zusammensetzung der Ausgaben der Steuermittel.

4.2.2 Myopisches Wahlverhalten

Die Größe und die Zusammensetzung des Budgets ist das Ergebnis aus den Präferenzen der Wählerschaft und den verfassungsrechtlichen Institutionen. Die Finanzierung über die Verschuldung ist in diesem Rahmen bei jedem Schuldenstand möglich.

Die Individuen einer Gesellschaft wählen Politiker, die Haushaltsdefizite erzeugen. Sie tendieren dazu Ausgaben für Güter und Dienstleistungen über Schulden zu finanzieren (*fiscal illusion*). Ein Haushaltsüberschuss ist dagegen für die einzelnen Individuen nicht wünschenswert:

Entweder werden die Steuern erhöht, wodurch sich das Einkommen der Individuen vermindert, oder es werden die öffentlichen Ausgaben gekürzt. Die langfristigen Auswirkungen werden in Regel von den Individuen nicht in betracht gezogen. Die langfristigen Auswirkungen tauchen im politischen Wahlkampf nicht als zentrales Thema auf.

Es wird angenommen das Individuen rational handeln, aber nicht perfekt über die Auswirkungen der politischen Entscheidungen informiert sind. Im politischen Wettbewerb können sich die Wähler der Gegenleistung für ihre Anhängerschaft eines Politikers nicht sicher sein. Eine Korrektur ihrer möglichen falschen Entscheidungen erfolgt nur nach einer Legislaturperiode, die Konsequenzen müssen sie jedoch in der Regel für eine gesamte Legislaturperiode akzeptieren. Wenn sie als rationale Wähler über die Konsequenzen informiert wären, dürften keine Politiker an die Macht kommen, die nicht die fiskalische Disziplin beachten.

Der Nutzen eines ausgeglichenen Haushalts liegt in der Zukunft und ist für den einzelnen Wähler nur durch Informationsbeschaffung, die eine zusätzliche Anstrengung darstellt, ausfindig zu machen. Zusätzlich steht auch die Frage offen, in welchem Ausmaß eine zusätzliche Einheit an Steuererhöhung oder Ausgabenkürzung dem einzelnen einen Nutzen stiftet.

4.2.3 Kritik der keynesianischen Praxis

Das ricardianische Äquivalenztheorem betrachtet die Steuererhebung und die Verschuldung als zwei Seiten einer Medaille. Die Steuerfinanzierung kann durch die Schuldenfinanzierung ersetzt werden. Es impliziert auch, dass die fiskalischen Verbindlichkeiten ungleich verteilt sind. Der politische Entscheidungsträger ist perfekt über die Veränderungen informiert, die den Staatshaushalt betreffen und kann entsprechend darauf reagieren.

Die keynesianische Position dagegen vertraut darauf, dass die Individuen initiativ auf die fiskalpolitischen Veränderungen reagieren und den Markt ins Gleichgewicht bringen. Die reale Wirtschaftspolitik wird von den gewählten Politikern durchgeführt. Sie befinden sich im Wettbewerb mit anderen Politikern um die Stimmen der Wähler. Die Wahrscheinlichkeit ihrer Wiederwahl hängt mit den bereitgestellten Transferleistungen zusammen. Die Regierung nimmt in der Praxis keine Rücksicht darauf, dass die heutigen Schulden zukünftige Verbindlichkeiten der Steuerzahler bedeuten (*fiscal illusion*).

Der *crowding out*-Effekt wird bei der Schuldenaufnahme vernachlässigt. Die keynesianische Theorie vernachlässigt auch die Substitutionseffekte, die bei der Verschuldung auftreten. Durch die Verschuldung werden die öffentlichen Güter relativ billiger. Die Individuen konsumieren mehr davon. Im politischen Wahlzyklus fragen die Wähler mehr von diesen Gütern und Dienstleistungen nach. Die direkten Folgen der Verschuldung sind nicht so transparent wie die einer Steuererhöhung – was nach dem ricardianischen Äquivalenztheorem das gleiche bedeuten würde.

Die Tilgungslast der Verschuldung variiert mit dem Alter der Individuen. Ein Individuum der älteren Generation hat bei dem gleichen Konsum der öffentlichen Güter und Dienstleistungen und der gleichen monatlichen Tilgungshöhe eine kürzere Tilgungsfrist zu erwarten als ein Individuum der jüngeren Generation. Die ältere Generation wird bei einer Defizitfinanzierung zu einer höheren Schuldenaufnahme tendieren (*spending bias*).

Diese Art der Finanzierung verleitet die politischen Entscheidungsträger, die zugleich auch die Präferenzen der Wähler repräsentieren, zu einer erhöhten Schuldenaufnahme. Der systemimmanente Fehler in der Realisierung der keynesianischen Theorie liegt nach Buchanan und Wagner in der Abwesenheit von Kontrollinstitutionen und Verschuldungsbeschränkungen, die die Ausgaben limitieren.

4.3 Public choice und Schuldenniveau

Das Modell von Tabellini und Alesina (1990) zeigt, dass sich die Wähler, die sich ex ante über das optimale Budget geeinigt haben, unter bestimmten Umständen in einem Mehrheitswahlrecht ex post kein politisches Gleichgewicht erreichen, in dem ein ausgeglichenes Budget vorherrscht.

4.3.1 Modellannahmen

In einem 2-Perioden-Modell wird untersucht, wie sich die Entscheidungen von Individuen über das optimale Budget der Gesellschaft auf das resultierende politökonomische Gleichgewicht auswirkt. Individuen mit heterogenen Präferenzen entscheiden in einem Mehrheitswahlrecht über den Konsum zweier öffentlicher Güter, g und f. Den Individuen steht eine Einheit Output pro Periode zur Verfügung, sie können in jeder Periode zu einem Zinssatz von null Kredite vergeben bzw. aufnehmen. Die Schulden müssen in der nächsten Periode getilgt werden. Die Budgetrestriktionen der Individuen über zwei Perioden lauten demnach:

(4.12a) $g_1 + f_1 - b \leq 1$ **(4.12b)** $f_2 + g_2 + b \leq 1$ mit $-1 < b < 1$

wobei b die Staatsverschuldung bezeichnet. Der Konsum beider Güter kann in beiden Perioden erfolgen, wohingegen die Staatsverschuldung aus der 1. Periode in der 2. Periode getilgt werden muss.

Am Anfang der 1. Periode entscheiden die Individuen über die Zusammensetzung des Konsums in der 1. Periode. Die Entscheidung hat zunächst keine Auswirkung auf die 2. Periode. Es ergibt sich die Nutzenfunktion eines Individuums i:

$$(4.13) \quad W^i = E\left\{\sum_{t=1}^{2}[\alpha^i u(g_t) + (1-\alpha^i)u(f_t)]\right\}$$

Der Nutzen der Individuen in der 1. Periode wird als Erwartung über die Zusammensetzung der beiden öffentlichen Güter ausgedrückt.

In einem Mehrheitswahlrecht entscheidet die Stimme des so genannten Medianwählers. Das politische Gleichgewicht kann als Lösung des Maximierungsproblems der Nutzenfunktion (4.11) im Falle des Medianwählers mit seiner Präferenz α^m unter den Budgetbeschränkungen (4.12a) und (4.12b) verstanden werden. Die Optimalitätsbedingung des Medianwählers hinlänglich des öffentlichen Konsums lautet für die 2. Periode:

$$(4.12) \quad a_2^m u'(g_2) - (1-\alpha_2^m)u'(1-b-g_2) = 0$$

In der 1. Periode sind sich die Individuen über die Identität des Medianwählers in der 2. Periode unsicher. Der Medianwähler aus der 1. Periode bezieht diese Möglichkeit in seiner Optimalitätsentscheidung aus der 1. Periode mit ein. Er versucht das Verhalten des zukünftigen Medianwählers in Bezug auf die Tilgung der Schulden abzuschätzen:

$$(4.13) \quad \max_{g_1,\, b}\left\{\begin{array}{l}\alpha_1^m u(g_1) + (1-\alpha_1^m)u(1-g_1+b) \\ +E\left[\alpha_1^m u(G(\alpha_2^m,b)) + (1-\alpha_1^m)u(F(\alpha_2^m,b))\right]\end{array}\right\}$$

Die erste Ableitung dieses Maximierungsproblems nach dem öffentlichen Gut g lautet:

$$(4.14) \quad \alpha_1^m u'(g_1) - (1-\alpha_1^m)u'(1+b-g_1) = 0$$

Die erste Ableitung dieses Maximierungsproblems nach der Schuldenvariable b lautet:

$$(4.15) \quad \begin{array}{l}\alpha_1^m u'\left(g(\alpha_1^m,b)\right) \\ +E\left[\alpha_1^m u'\left(G(\alpha_2^m,b)\right)G_b + (1-\alpha_1^m)u'\left(F(\alpha_2^m,b)\right)F_b\right]\end{array}$$

Der erste Ausdruck dieser Ableitung gibt den marginalen Nutzen der Verschuldung an. Die Verschuldung äußert sich in den vermehrten Ausgaben für die öffentlichen Güter. Der zweite Ausdruck der Ableitung gibt die erwarteten marginalen Kosten der Schuldentilgung an. Die Schuldentilgung erfolgt als zukünftige Ausgabenkürzungen bei den öffentlichen Gütern.

4.3.2 Die Gleichgewichtshöhe der Verschuldung

Wenn der Medianwähler aus der 1. Periode sicher wäre, dass er auch in der 2. Periode der Medianwähler bleiben wird, würden sich die Präferenzen der Medianwähler über beide Perioden hinweg entsprechen $\alpha_1^m = \alpha_2^m$. In diesem Fall, würde er sich für die Verschuldungshöhe $b^* = 0$ entscheiden. Diese Verschuldungshöhe würde sich auch ergeben, wenn ein sozialer Planer die Nutzen der Individuen, gewichtet nach ihren Präferenzen, maximieren würde. In beiden Perioden wäre der optimale Nutzen für die Individuen erreicht. Wenn sich die Präferenzen der Medianwähler in den beiden Perioden unterscheiden $\alpha_1^m \neq \alpha_2^m$, kann es dazu kommen, dass in einer Periode Ausgaben für lediglich ein Gut getätigt werden. Bei einer Präferenz des Medianwählers $\alpha_2^m = 1$ bzw. $\alpha_2^m = 0$ erfolgen Ausgaben nur für g_2 bzw. f_2. Um die unterschiedlichen Präferenzen bezüglich der Ausgaben für öffentliche Güter auszugleichen, nimmt der Medianwähler in der 1. Periode Schulden auf. Die intertemporal optimale Verschuldungshöhe ist nun größer als null, $b^* > 0$. Die erhöhten Schulden haben in der nächsten Periode negative Auswirkungen auf die öffentliche Ausgabenhöhe. Wenn sich die Präferenzen der Medianwähler in beiden Perioden stark voneinander unterscheiden, wird nur das öffentliche Gut negativ beeinflusst, das der Medianwähler aus der 1. Periode nicht bevorzugt hat. Die Schuldenaufnahme lohnt sich für den Medianwähler aus der 1. Periode umso mehr, je mehr die Präferenzen der Medianwähler beider Perioden voneinander abweichen.

Als Erweiterung dieser Ecklösungen sind die Fälle zu untersuchen, in denen sich der Medianwähler in der 2. Periode für einen Wert im Intervall $0 < \alpha_2^m < 1$ entscheidet. Es wird das angenommen, dass α_2^m innerhalb des Intervalls nach der Funktion $H(\alpha) = prob(\alpha_2^m \leq \alpha)$ verteilt ist. Die Ausprägung von α_2^m im Verhältnis zu der Verschuldungshöhe aus der Formel (6) kann nun mit Hilfe der Wahrscheinlichkeitsfunktion $H(\alpha)$ als Integral

$$(4.16) \quad \int_0^1 \left[\alpha_1^m u'(g^*) - v(\alpha_2^m) \right] dH(\alpha_2^m) = 0$$

ausgedrückt werden. Der Medianwähler aus der 1. Periode betrachtet seine Nutzenpräferenz bezüglich der öffentlichen Güter abzüglich der marginalen Kosten der Schuldentilgung $v(\alpha_2^m)$ vor dem Hintergrund der Wahrscheinlichkeitsverteilung der Präferenz des Medianwählers aus der 2. Periode. Die Nutzenfunktion des Medianwählers aus der 1. Periode wird linearer und die Risikoaversion nimmt ab, wenn der Konsum der öffentlichen Güter steigt. Für das betrachtete Intervall ist der erhöhte Konsum und damit die steigende Schuldenaufnahme als positiv für den Nutzen des Medianwählers aus der 1. Periode anzusehen, $b^* > 0$.

Wenn die Wahrscheinlichkeitsverteilung der Präferenzen des Medianwählers in der 2. Periode von den Präferenzen des Medianwählers in der 1. Periode stärker divergiert, fällt die Schuldenaufnahme $b^* > 0$ höher aus. Ein höheres Einkommen verringert die Konkavität der Indifferenzkurven, die beiden öffentlichen Güter werden dadurch zu engeren Substituten. Durch die Verschuldung setzt der Medianwähler in der 1. Periode die Ausgaben für öffentliche Güter entsprechend seinen eigenen Präferenzen zusammen.

Der Medianwähler verschiebt in der Abbildung 3 durch die Schuldenaufnahme den Punkt B entlang dem Einkommenspfad EP_2 nach links, weil nun in der 2. Periode weniger Einkommen für den Konsum verwendet werden kann. Somit nähert sich die Zusammensetzung der öffentlichen Ausgaben dem Punkt A, der von dem Medianwähler aus der 1. Periode bevorzugt wird. Bei der Auferlegung von Budgetregeln hat die Regierung den Anreiz öffentliche Investitionen zu unterlassen.

Der eigene Konsum kann anhand von nicht verwendeten Finanzmitteln ausgedehnt werden. Gleichzeitig stehen der nächsten Regierung weniger Staatseinnahmen zur Verfügung[22]. Der Medianwähler verzerrt die Zusammensetzung des öffentlichen Konsums entsprechend seinen Präferenzen. Die Präferenzen der Medianwähler hängen von den Präferenzen der einzelnen Individuen in beiden Perioden ab. Bei homogenen Präferenzen der Individuen ergibt sich die Implikation, dass sich über beide Perioden hinweg die Präferenzen der Medianwähler konstant verhalten.

---

22 Vgl. Weichenrieder (2000, S. 173)

Abbildung 3: *Präferenzen der Medianwähler*

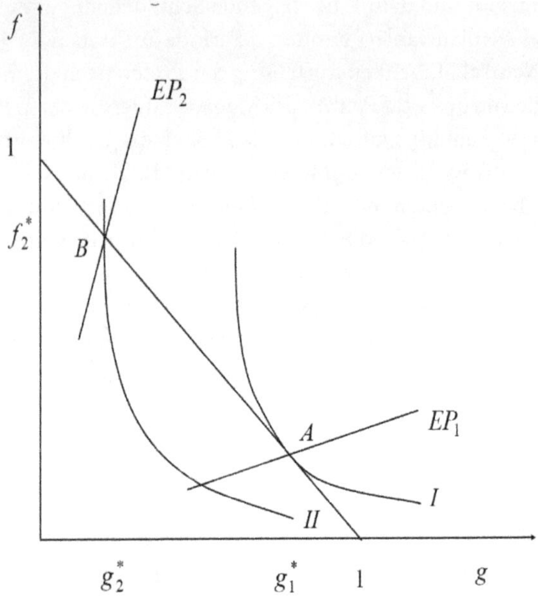

Quelle: Tabellini, Alesina (1990, Abbildung 1)

4.3.3 Implikationen

Im folgenden Abschnitt soll diese Implikation untersucht werden. Zu diesem Zweck werden die Präferenzen der Wähler in Bezug zum Wählerverhalten der aktuellen Wählerschaft α angesichts maßgeblicher politischer Ereignisse ε als Funktion $\gamma\,(\alpha, \varepsilon)$ dargestellt. Die Wahrscheinlichkeitsverteilung dieser Funktion im Falle des Medianwählers kann als folgende Dichtefunktion wiedergegeben werden:

$$(4.17) \quad \int_0^{\alpha^m} \gamma(\alpha, \varepsilon)d\alpha - \frac{1}{2} = 0$$

Die Ableitung der Wahrscheinlichkeitsfunktion (**4.17**) nach der Variablen ε kann Aussagen über das Verhalten des Medianwählers mit den Präferenzen α^m angesichts der politischen Ereignisse ermöglichen:

$$(4.18) \quad \frac{d\alpha^m}{d\varepsilon} = -\frac{\int_0^{\alpha^m} \gamma_\varepsilon(\alpha, \varepsilon)d\alpha}{\gamma(\alpha^m, \varepsilon)}$$

Der Zähler des Bruchs kann als der Teil der Wähler angesehen werden, der bei einer Änderung von ε auf die andere Seite von α^m wandert.

Abbildung 4: Verhalten des Medianwählers

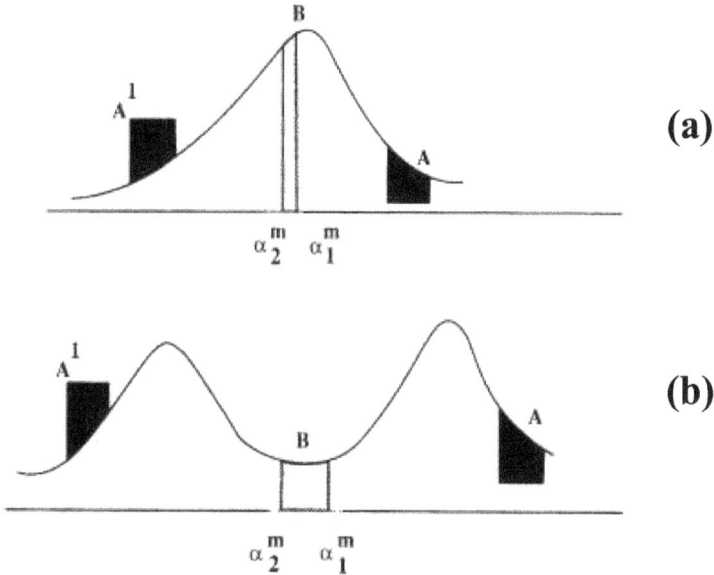

Quelle: Tabellini, Alesina (1990, Abbildung 2)

In der Abbildung 4 ist dieser Wähleranteil durch die Fläche A gekennzeichnet. Er wandert von rechts nach links, was der Fläche A^1 entspricht. Der Medianwähler ändert sich allerdings durch dieses Verhalten. Der Medianwähler vor den polit-ökonomisch relevanten Ereignissen α_1^m wird nun durch den Medianwähler *ex post* α_2^m ersetzt. Bei stark divergierenden Präferenzen der Wählerschaft wie in der Abbildung 4 (b) distanziert sich der neue Medianwähler umso stärker vom alten; die Horizontale der Fläche B ist länger.

Wenn relativ wenige Wähler die Präferenzen des Medianwählers teilen, wirken sich die politökonomischen Turbulenzen stärker auf die Präferenzen des Medi-anwählers und somit auf seine Identität aus. Wenn $\gamma(\alpha^m,\varepsilon)$ relativ klein ist, wird der gesamte Bruch (**4.19**) umso größer. Die Wahrscheinlichkeit ist hoch, dass die Ereignisse die Präferenzen der Wähler stark beeinflussen werden. Mit anderen Worten kann man sagen, dass bei einer polarisierten Gesellschaft politische Tur-bulenzen mit höherer Wahrscheinlichkeit Budgetdefizite hervorrufen werden.

4.3.4 Konstitutionelle Beschränkungen

Wie zuvor beschrieben wurde, wird sich ein sozialer Planer, der über beide Perioden hinweg die Wohlfahrt der Gesellschaft maximiert, dafür entscheiden, dass die Wohlfahrt über beide Perioden stabil bleibt. In der Realität beeinflusst aber die aktuelle Regierung die Wohlfahrt ihrer Nachfolger gleichermaßen mit. Eine für die Gesellschaft intertemporal optimale Wohlfahrt kann durch eine verfassungsrechtlich verankerte Regelung erreicht werden. Institutionen ermöglichen es, intertemporale Entscheidungen von Entscheidungen, die die Ressourcenallokation in einer Periode beeinflussen, zu trennen.[23]

Das grundlegende Modell kann folgendermaßen beschrieben werden: es wird ex ante über 2 Perioden eine Budgetplanung durchgeführt. Die Mehrheit der Gesellschaft entscheidet sich für ein Schuldenniveau von $b = 0$, ohne die Identität der Mehrheit und somit auch nicht die Präferenzen α^m zu kennen. Die Gesellschaft maximiert das folgende Optimierungskalkül:

$$(4.20) \quad \underset{b}{Max} \, E \left\{ \begin{array}{l} \alpha^i [u(g(\alpha_1^m,b) + u(G(\alpha_2^m,b))] \\ +(1-\alpha^i)[u(f(\alpha_1^m,b)) + u(F(\alpha_2^m,b))] \end{array} \right\}$$

Eine mögliche Änderung der Budgetplanung könnte dadurch verhindert werden, dass anstatt einer einfachen Mehrheit – wie bisher im Modell unterstellt – qualifizierte Mehrheiten verlanget werden. Allerdings ist darauf zu achten, dass die Regeln nicht zu starr werden, die ein Eingreifen in Krisenzeiten verzögern.

---

23 Die Reformansätze von Buchanan und Wagner gehen in die selbe Richtung; vgl. Abschnitt 7.1.

5 Staatsverschuldung im Generationenmodell

Im folgenden Abschnitt soll das Modell von Tabellini (1989) untersucht werden, das die Staatsverschuldung in einem Generationenmodell darstellt.

5.1 Modelltheoretische Annahmen

Es wird ein 2-Perioden-Modell untersucht, in dem zwei Generationen, Eltern und Kinder, existieren. Die Generationen können gegenseitig ihre Wohlfahrt steigern, indem sie der jeweils anderen Generation ein Vermögen, in Form einer Erbschaft oder einer Stiftung transferieren. Der Staat hingegen kann Steuern erheben und soziale Transferleistungen tätigen. Es existieren keine politischen Parteien. In einem Mehrheitswahlverfahren wird die Höhe der Staatsverschuldung festlegt. Die Eltern maximieren die Nutzenfunktion

(5.1) $W^i = Max[U(c_1^i) + c_2^i + \delta(1+n)V(x^i)]$ mit ihrem Altruismuswert $1 > \delta > 0$. In ihr Maximierungskalkül beziehen die Eltern folgende Größen mit ein: den Nutzen aus dem eigenen Konsum in der Periode 1 und 2, den Nutzen aus dem Konsum der Kinder in der Periode 2, gewichtet mit dem Altruismuswert und dem Bevölkerungswachstum. Die Kinder maximieren die Nutzenfunktion

(5.2) $J^i = [\dfrac{\gamma}{1+n} c_2^i + V(x^i)]$, mit ihrem Altruismuswert $1 > \gamma > 0$. Sie beziehen folgende Größen in ihr Maximierungskalkül mit ein: den Konsum der Eltern in der Periode 2, gewichtet mit dem Verhältnis des Altruismuswerts zum Bevölkerungswachstum und den Nutzen aus dem eigenen Konsum in der Periode 2. Die Budgetbeschränkung der Eltern i lautet:

(5.3) $c_1^i + s^i \leq 1 + e^i + g_1$. Die Summe aus dem Konsum der Eltern i in der Periode 1 und der Ersparnis ist kleiner oder gleich der erhaltenen Erstausstattung und der erhaltenen Transferleistung. Die Budgetrestriktion beider Generationen einer Familie i in der Periode 2 lautet:

(5.4) $c_2^i + x^i(1+n) \leq (w - \tau_2)(1+n) + R(1-\theta)s^i + a^i$

Der Konsum der Eltern i und der Konsum ihrer Kinder gewichtet mit dem Bevölkerungszuwachs ist kleiner oder gleich der Summe aus dem in Periode 2 erhaltenen Output abzüglich der Steuern, gewichtet mit dem Bevölkerungszuwachs; der Verzinsung der Ersparnis abzüglich der Kapitalsteuer auf die Verschuldung und der familienspezifischen Ausstattung.

Daneben erhält die Familie in der Periode 2 die Erbschaft t^i und die Stiftung f^i. Die Budgetbeschränkungen der Regierung lauten:

(5.5) $g_1 \leq b$ und $R(1-\theta)b \leq \tau_2(1+n)$. Die Transferleistungen müssen kleiner oder gleich dem Schuldendienst sein. Die Verzinsung der Nettoersparnis muss kleiner oder gleich den mit dem Bevölkerungszuwachs gewichteten Steuereinnahmen sein.

Die Steuerpolitik wird noch vor jeglichen privaten Entscheidungen in einem Mehrheitswahlverfahren bestimmt. In der Periode 1 legen die Eltern die Verschuldungshöhe fest, in der Periode 2 wählen beide Generationen die Steuerhöhe zur Tilgung der Verschuldung θ. Anhand der Budgetbeschränkung der Regierung werden die Transferleistungen g_1 und die Steuern τ_2 in diesem Modell residual bestimmt. Das Gleichgewicht ergibt sich – bei Existenz eines vollkommenen Kapitalmarkts, wenn die Ersparnisse der Familien den Staatsschulden entsprechen[24]. Dieser Zusammenhang lässt auch zu, die langfristige Verschuldungshöhe als ein Marktgleichgewicht zu sehen:

(5.6) $\int_0^\infty s^i dF(s^i) = b$

Die Verteilungsfunktion $F(\cdot)$ gibt an, wie die Ersparnisse s^i in Form von am Markt handelbaren Vermögensgegenständen über die Gesellschaft verteilt ist.

5.2 Staatsverschuldung im gesamtwirtschaftlichen Gleichgewicht

Als nächster Schritt wird nun ein gesamtwirtschaftliches Gleichgewicht bestimmt. Es wird von den Schenkungen und Erbschaften abstrahiert, sodass der Einfluss der öffentlichen Fiskalpolitik auf die generationenübergreifende Verteilung sichergestellt wird[25]. Zur Ermittlung der optimalen Ersparnis eines Elternteils in Periode 1 wird die Nutzenfunktion der Eltern nach der Ersparnis s^i abgeleitet. Mit Hilfe der Budgetbeschränkungen einer Familie und der Regierung leitet sich die folgende Bedingung für die optimale Höhe der Ersparnis ab:

(5.7) $U_c(1 + e^i + b - s^i) \geq R(1 - \theta^e)$

---

24 Damit hat die ricardianische Äquivalenz Gültigkeit. Die Finanzierung über Schulden und Steuern sind einheitlich. Es besteht kein Grund die Staatsverschuldung zur individuellen Besserstellung zu nutzen und sich bei der Wahl opportun zu verhalten; vgl. Wellisch (1999, S. 178).

25 Das intergenerationelle Verbundprinzip mit wirksamen Vererbungsmotiven wird aufgelöst.

Der optimale Nutzen des Konsums, der von dem Output der Eltern in der Periode 2 und von der Staatsverschuldung abzüglich der Ersparnis abhängt, muss größer oder gleich der erwarteten Zins-Steuerquote sein, die im Folgenden als $r = R(1 - \theta^e)$ aufgeführt wird.

Die modifizierte Optimalitätsbedingung lautet:

(5.8) $U_c(1 + b - z) - r = 0$ mit $s^i = z + e^i$

Wobei die Ersparnis der Eltern als folgende Funktion ausgedrückt werden kann:

(5.9) $s^i = Max(0, z + e^i)$

Die zufällige Erstausstattung der Eltern zu Beginn der Periode 1 e^i ist nach der zufälligen Verteilungsfunktion $G(\cdot)$ verteilt und kann sowohl positiv als auch negativ sein. Die Höhe der Ersparnisse bewegen sich im Intervall von $[\underline{e}, \overline{e}]$. Daher können die Eltern entweder eine Ersparnis von $s^i = z + e^i$ aufweisen, oder sie verfügen über keine Ersparnis.

Die Variable z kann als Schlupfvariable verstanden werden, die die Ersparnis der Eltern ihrer Erstausstattung anpasst und den optimalen Konsum bzw. die optimale Ersparnis sicherstellt. Anhand **(5.6)** können die Ergebnisse für den optimalen Konsum als Optimalitätsbedingung der Verschuldung auf dem Kapitalmarkt zusammengefasst werden:

(5.10) $b - z(1 - G(-z)) - \int_{-z}^{\infty} e^i \, dG(e^i) = 0$

Der markträumende optimale Zinssatz ergibt sich durch die Konstellation der Staatsschulden und des Outputs. Für $b \geq -\underline{e}$ und $G(-z) = 0$ weisen alle Eltern nach **(5.10)** eine positive Ersparnis auf und es gilt $z = b$. Der Zinssatz beläuft sich nach **(5.8)** auf $r^* = U_c(1)$.

Für $b = 0$ sind keine Ersparnisse der Eltern vorhanden. Der Zinssatz beläuft sich in diesem Fall auf $r^* = U_c(1 + \overline{e})$. Durch einen niedrigen Zinssatz werden selbst die wohlhabenderen Eltern mit einer Erstausstattung von $\overline{e}$ nicht zum Sparen motiviert. Wenn der Zinssatz mit zunehmender Verschuldung steigt, verzichten die Eltern auf den Konsum zu Gunsten eines höheren Zinsertrags.

5.3 Tilgung der Staatsschulden

Der folgende Abschnitt behandelt die Tilgung der Staatsschulden. Es wird in der Periode 2 über die Tilgung der Schulden in einem Mehrheitswahlverfahren abgestimmt, an dem sich beide Generationen beteiligen. Der Steuersatz θ, der zur Tilgung der Verschuldung erhoben wird, entspricht der Tilgungsquote.

5.3.1 Präferenzen der Wähler ohne Erbschaft

Es muss ein Steuersatz θ^* ermittelt werden, der von der Mehrheit der Wähler als optimal angesehen wird. Zur Festlegung dieser Quote werden zunächst die Präferenzen der Familien ermittelt. Es wird angenommen, dass die Medianwerte der Erstausstattung e^i und der Ersparnis der Eltern die jeweiligen Durchschnittswerte nicht überschreiten. Es existiert also eine Ungleichverteilung des Vermögens, wodurch sich die Präferenzen der Individuen unterscheiden. Ihre Budgetbeschränkungen bzgl. der optimalen Tilgungsquote werden durch das Einsetzen der öffentlichen Budgetbeschränkung in die privaten Budget-beschränkungen ausgedrückt. Unter der neuen Budgetbeschränkung wird die Nutzenfunktion der Eltern **(5.1)** nach b abgeleitet. Dadurch ergibt sich der Wohlfahrtseffekt der Tilgung als:

(5.11) $W_\theta^i = Rb[\delta V_x - s^i / b]$

Die Tilgung der Steuern um eine Einheit stiftet der Elterngeneration einen marginalen Nutzen von δV_x, jedoch Kosten in Höhe von s^i / b. Die Kosten sind somit für wohlhabendere Familien, welche Ersparnisse aufweisen können, größer. Die Wohlfahrtsfunktion der Kinder lautet:

(5.12) $J_\theta^i = \dfrac{Rb}{1+n}(V_x - \gamma \dfrac{s^i}{b})$ [26]

Es werden keine Erbschaften im Gleichgewicht hinterlassen, da nach dem Mehrheitswahlrecht und vor dem Hintergrund der getroffenen Annahmen, die Mehrheit beider Generationen eine höhere Tilgungsquote wählen würde. Die Tilgung der Steuern aus der Periode 1 wird von den meisten Kindern unterstützt, da somit das Erbschaftsvermögen der Kinder aus reicheren Familien der Steuererhebung aus der Periode 2 zugrunde liegen wird. Daraus ergibt sich die Implikation, dass die Steuern zur Tilgung nicht nur generationenübergreifende Effekte, sondern auch generationeninterne Wohlfahrtseffekte zwischen den Familien auslösen. In einer Gesellschaftsschicht können Divergenzen aufgrund der generationenübergreifenden Effekte entstehen, wodurch es zu verschiedenen Präferenzen für θ

---

26 Die Interpretation der Wohlfahrtseffekte ist analog zu der Interpretation im Falle der Eltern.

kommen kann. Die Präferenzen für die Schuldentilgung können nach der Zugehörigkeit zu einer bestimmten Gesellschaftsschicht unterteilt werden. Anhand der Wohlfahrtsfunktionen beider Generationen können Präferenzen in Bezugnahme auf die Ersparnisse durch die Gleichungen **(5.11)** und **(5.12)** ermittelt werden (Abbildung 5).

Abbildung 5: Präferenzen der Wähler

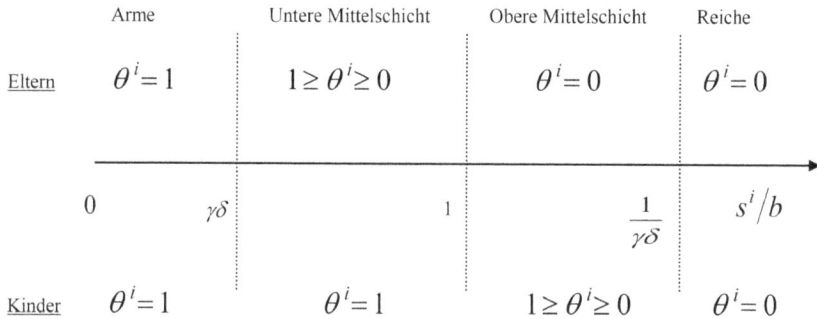

	Arme	Untere Mittelschicht	Obere Mittelschicht	Reiche
Eltern	$\theta^i = 1$	$1 \geq \theta^i \geq 0$	$\theta^i = 0$	$\theta^i = 0$

$$0 \qquad \gamma\delta \qquad\qquad 1 \qquad \frac{1}{\gamma\delta} \qquad s^i/b$$

Kinder	$\theta^i = 1$	$\theta^i = 1$	$1 \geq \theta^i \geq 0$	$\theta^i = 0$

Quelle: Tabellini (1989, Abbildung 2)

5.3.2 Medianwähler

Das Gleichgewicht hinsichtlich der Finanzpolitik wird in einem Mehrheits-wahlverfahren durch den Medianwähler ermittelt. Um den Medianwähler zu bestimmen werden beide Generationen gleichzeitig betrachtet. Um die Analogie zwischen den Wohlfahrtseffekten auf beide Generationen zu zeigen, kann das relative Vermögen der Eltern s^i / b in Periode 2 unter Berücksichtigung der Altruismuswerte als relative Wohlfahrt der Kinder ausgedrückt werden:

$$(5.12) \quad \frac{s^j}{b} = \frac{1}{\delta\gamma}\frac{s^i}{b} \text{ , mit } \frac{s^j}{b} > s^i/b$$

Das relative Vermögen des Medianwählers s^m / b ist zu Beginn der Periode 2 nach der Verteilungsfunktion $H(\cdot)$ verteilt. Da der Medianwähler die Gesellschaft in zwei Hälften teilt, sind auf der linken Hälfte der unteren Gleichung alle Wähler angegeben, die eine identische oder höhere Tilgungsquote als der Medianwähler befürworten. Auf der rechten Seite sind die Wähler zusammengefasst, die eine geringere Tilgungsquote befürworten:

(5.13) $H(s^m/b) + (1+n)H(s^m/\delta\gamma b) = (1 - H(s^m/b))$

$\qquad + (1+n)(1 - H(s^m/\delta\gamma b))$

Durch die Umformung der Gleichung ergibt sich die Definition für das relative Vermögen des Medianwählers $H(s^m/b) + (1+n)H(s^m/\gamma\delta b) = 1 + \dfrac{n}{2}$. Anhand der Gleichung **(5.9)** kann s^m/b als eine Funktion der Staatsverschuldung und der Ausstattung ausgedrückt werden:

(5.14) $\dfrac{s^m}{b} = Max\,(0,(z + e_2^m)/b)$

Demnach kann der Medianwähler als ein Elternteil betrachtet werden, der eine Ausstattung in Höhe von e_2^m besitzt. Es wird die Annahme getroffen, dass der Wert für die Ausstattung des Medianwählers e_2^m negativ und kleiner als der Durchschnittswert e^i ist.

Aus dem Punkt, dass der Medianwähler ärmer als der Durchschnitt ist, ergeben sich weitreichende Implikationen. Es ergibt sich zunächst die Implikation, dass das Vermögen der Wähler konzentriert ist. Die Verschuldung über beide Perioden hinweg wird dazu instrumentalisiert, die Ungleichverteilung des relativen Vermögens zu mindern. Als Instrument dazu dient die Tilgungsquote θ. Sie führt zu einer Umschichtung der Wohlfahrt sowohl zwischen den Generationen, als auch generationenintern. Da die Tilgungsquote der Verschuldung θ durch das Mehrheitswahlverfahren festgelegt wird, in dem der Medianwähler per Definition den Ausgang der Wahl entscheidet; kann er die Verschuldung dazu nutzen, seine relative Wohlfahrt s^m/b zu ändern. Durch die reduzierte Ungleichheit in der Periode 2 ergibt sich ein Generationeneffekt. Die Grenzen der Gesellschaftsschichten werden verschoben.

Daraus resultiert die weitere Implikation, dass die Identität des Medianwählers verändert wird. Durch die Erhöhung der Staatsverschuldung nimmt das relative Vermögen der Kinder des Medianwählers stärker als das ihrer Eltern zu. Durch diesen Wohlfahrtseffekt verlieren sie die Präferenz für eine hohe Tilgungsquote. Eine hohe Tilgungsquote wird in der Folgeperiode besonders von den Kindern ärmerer Familien unterstützt. Das gesamtwirtschaftliche Gleichgewicht kann in der Periode 2 durch die strategische Instrumentalisierung der Verschuldung beeinflusst werden.

5.3.3 politisches Gleichgewicht

Die nächste relevante Frage betrifft die Höhe der Tilgungsquote θ, die sich im politischen Gleichgewicht ergibt und die daraus resultierenden verteilungs-politischen Implikationen. Das relative Vermögen des Medianwählers in der Periode 2 wird als Funktion der Staatsverschuldung ausgedrückt:

$$(5.15) \quad \frac{s^m}{b} = F(b)\,^{27}$$

Die Verschuldung ist die entscheidende Variable, die das relative Vermögen des Medianwählers ändern kann. Dieses Kalkül findet bei der Abstimmung über θ^* Verwendung, die nach dem Mehrheitswahlrecht erfolgt. Davon ausgehend kann mit Hilfe der Gleichung (5.11) der Wert der Tilgungsquote θ^* bestimmt werden. Für die Investoren, die dem Staat Schulden ausschreiben, ist diese Rate von besonderer Bedeutung, da sie danach ihr Kalkül der Zinshöhe richten. Bei einer vollkommenen Annullierung der Schulden würde kein Investor für irgendeinen Zinssatz dem Staat Kredit gewähren. Der Staat kann daher nur Schulden in der Höhe in Anspruch nehmen, die die Ungleichung

$$(5.16) \quad F(b) - \delta V_x (w - \frac{r*b}{1+n}) \geq 0\,^{28} \text{ erfüllen.}$$

Wenn die Verschuldung relativ gering ist, ist nur eine Minderheit der Eltern verschuldet. Es lässt sich dann eine Mehrheit für eine Annullierung der Schulden finden. Wenn allerdings die Verschuldung groß genug ist, ist eine große Mehrheit davon betroffen. Die Streuung über die ganze Gesellschaft ist dann zu groß, so dass eine Annullierung der Schulden durch ein Mehrheitswahlrecht nicht durchführbar ist. Tabellini spricht von einer stabilen Region (*sustainable set*) innerhalb des Intervalls $[\underline{b}, \overline{b}]$, in der eine Verschuldung durchführbar ist (vgl. Abbildung 6).

Die Gefahr einer Annullierung der Staatsschulden ergibt sich aus der ungleichen Verteilung der Schulden auf die Elterngeneration, während gleichzeitig die Kindergeneration aller Gesellschaftsschichten dem gleichen Schuldendienst ausgesetzt ist. Eine besondere gesellschaftspolitische Brisanz ergibt sich daraus, dass

---

27 Die Steigung dieser Funktion ist uneindeutig, da sie vom Schuldenstand und der Verteilung der Ausstattung abhängt, Tabellini (1989, S. 17).

28 Die Ungleichung leitet sich aus der Gleichung (5.11) ab. Zur intuitiven Veranschaulichung soll die Abbildung 6 dienen.

die Vermögensungleichheit viel stärker als die Einkommensungleichheit unter den verschiedenen Gesellschaftsschichten ist.[29]

Abbildung 6: Verschuldungshöhe

$$F(b)$$
$$\delta V_x(\cdot)$$

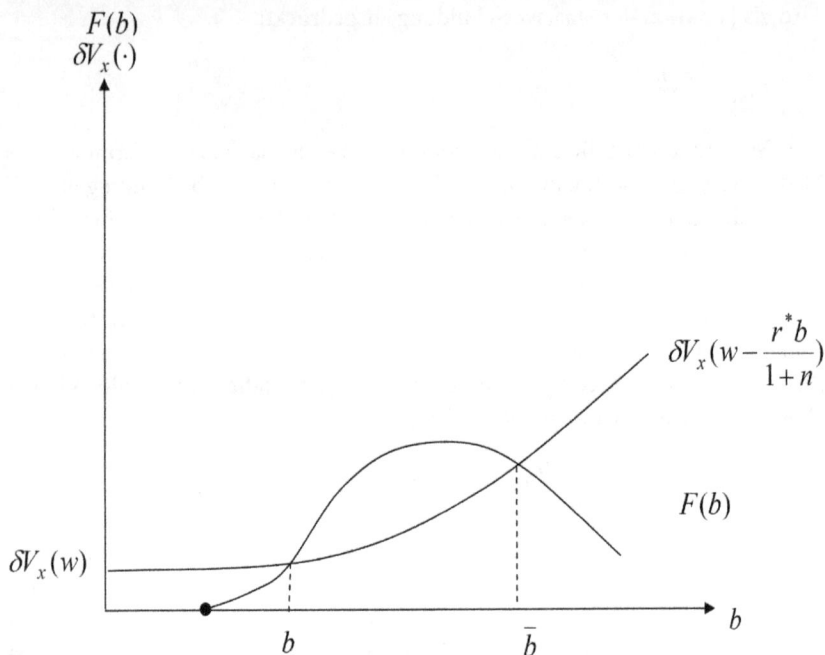

$\delta V_x\left(w - \dfrac{r^* b}{1+n}\right)$

$F(b)$

$\delta V_x(w)$

$\underline{b}$ $\bar{b}$ b

Quelle: Tabellini (1989, Abbildung 3)

5.4 Gleichgewicht in der intergenerationellen Verteilung

Der folgende Abschnitt befasst sich mit der Höhe der Staatsverschuldung, die sich im Gleichgewicht einer intergenerationellen Verteilung ergibt. Durch die Abstimmungswahl über die Verschuldungshöhe in der Periode 1, an dem sich nur die Eltern beteiligen, ergibt sich ein politisches Gleichgewicht.

---

29 Tabellini (1989, S. 26)

5.4.1 Gleichgewichtsverschuldung mit Tilgungspflicht

In der Periode 1 wählt die Elterngeneration die Tilgungshöhe $\theta = 0$. In diesem Fall haben die Wähler in der Periode 2 kein Wahlrecht, was die Tilgungsrate betrifft. D.h., dass die Regierung der Periode 2 in der Periode 1 dazu verpflichtet wird, die gesamten Schulden zu tilgen. Die Tilgung erfolgt, indem die Regierung in Periode 2 eine Transferleistung in Höhe von $r * b$ an die Elterngeneration erbringen wird. Diese Transferleistungen müssen von den Kindern in Periode 2 über Steuern in Höhe von $\tau_2 = r * b/(1 + n)$ finanziert werden. Der Effekt der Staatsschulden auf die Wohlfahrt der Eltern wird durch die Wohlfahrtsfunktion (5.17) ausgedrückt, die sich aus (5.8) und (5.11) ableitet:

$$(5.18) \quad W_b^i = U_c^i - r * \delta V_x + b \frac{dr^*}{db}(s^i/b - \delta V_x)$$

Wenn sich die Staatsverschuldung um eine Einheit erhöht, erhöht sich der marginale Nutzen des Wählers i in der Periode 1 um $U_c^i = U_c(c_i^i)$, da sich dadurch das Einkommen der Eltern um eine Einheit erhöht. Die Kosten erhöhen sich um $r * \delta V_x$: Der mit dem Altruismuswert δ gewichtete marginale Nutzen aus dem Konsum der Kinder wird in Höhe von r in der Periode 2 gemindert. Zudem findet ein Zinseffekt statt, die Erhöhung der Schulden führt zu einer Erhöhung des Zinssatzes. Der Zinssatz ist nach der Gleichung (5.18) eine vom relativen Vermögen abhängige Größe. Ein höherer Zinssatz verteilt das Einkommen zu Gunsten der reicheren Bevölkerung. Das Ausmaß des Zinseffekts auf die Wählerschaft hängt damit von der Zugehörigkeit zur jeweiligen Gesellschaftsschicht ab. Es wird angenommen, dass der direkte Nettoeffekt den indirekten Effekt der Verschuldung dominiert.

Für $b \geq -\varrho$ gilt für alle Wähler i $U_c^i = U_c(1) = r^*$. Die Eltern wählen eine Verschuldungshöhe, bei der $\delta V_x = 1$ gilt, d.h. es wird keine Erbschaft hinterlassen. Diese Entscheidung löst Implikationen aus, die die Verteilung der Einnahmen über die nächste Generation hinweg betreffen. Die Eltern wählen als Gleichgewichtsverschuldung, die von ihnen bevorzugte intergenerationelle Verteilung des Einkommens.

5.4.2 Gleichgewichtsverschuldung ohne Tilgungspflicht

Es soll der Fall betrachtet werden, bei dem die Nachfolgegeneration nicht dazu verpflichtet wird, die gesamten Schulden zu tilgen. Für die Tilgungsrate gilt dann $1 > \theta > 0$, es wird nur ein Teil der Schulden in Periode 2 getilgt. Die Verschuldung muss in einer stabilen Region (*sustainable set*) innerhalb des Intervalls $[\underline{b}, \overline{b}]$

stattfinden[30], um gesamtwirtschaftlich akzeptabel zu sein. Die Eltern maximieren ihren Nutzen bis zum Punkt, in dem $\delta V_x = \underline{1}$ gilt. Die Verschuldungshöhe, bei der der maximale Nutzen erreicht wird, ist $\bar{b}$. Die Eltern gehen bis an die höchstmögliche Grenze der Verschuldung. Auf die generationenübergreifende Verteilung des Einkommens hat die politische Partizipation einen wesentlichen Einfluss, da nur die Eltern in der Periode 1 über die Schuldenaufnahme abstimmen können. Bei der Abstimmung über die Verschuldung in Periode 1 existieren nur die Erwartungen bzgl. der Verschuldungseffekte. Somit stehen nur die Zinseffekte der Verschuldung im Vordergrund. *Ex post* schlagen auch die direkten Effekte der Verschuldung zu Buche, die die indirekten Zinseffekte dominieren[31]. Für die Kinder reicher Familien haben diese Effekte einen negativeren Einfluss auf ihre Wohlfahrt, als es bei den Kindern der armen Familien der Fall ist. Die wahlberechtigten Eltern beziehen aber nur die *Ex ante* -Erwartungen in ihrer Abstimmung mit ein. Die Kinder würden bei einer Wahlbeteiligung auch die *Ex post*- Effekte antizipieren.

Wenn sich das Einkommen der Kindergeneration w erhöht verschiebt sich in der Abbildung 6 die δV_x-Kurve nach außen, während sich die $F(b)$-Kurve nicht verändert. Der Gleichgewichtswert der Verschuldung wird damit nach oben verschoben. Es findet anders gesprochen eine breitere generationenübergreifende Verteilung statt. Dies kann mit der Intuition erklärt werden, dass durch ein höheres Einkommen der Kinder ihre Altruismusneigung stärker wird, wobei die der Eltern schwächer wird. Das hat zur Folge, dass die Eltern eine höhere Verschuldung wählen.

Der Gleichgewichtswert der Verschuldung hängt auch von der Verteilung der Ausstattung $G(\cdot)$ ab. Wenn $G(\cdot)$ eine sehr hohe Konzentration aufweist, vermindert sich die Ausstattung der armen und mittleren Gesellschaftsschichten. Somit wird auch die Ausstattung des Medianwählers geringer. Der Gleichgewichtswert der Verschuldung ist umso kleiner, je kleiner die Ausstattung des Medianwählers e_2^m ist. Dadurch vermindert sich der Spielraum der durchführbaren Verschuldung (*sustainable set*). Dieser Zusammenhang erklärt auch die ausgeprägte Außenverschuldung der Entwicklungsländer. Da der inländische Kapitalmarkt eine begrenzte Kredithöhe bereitstellen kann, wenden sich die Regierungen der Entwicklungsländer an internationale Finanz-institutionen.[32]

---

30 Vgl. Abschnitt 5.3.3
31 Vgl. Gleichung (5.11)
32 Tabellini (1989, S. 26)

6 Budgetinstitutionen und Staatsverschuldung

6.1 Common-Pool Problem

Eines der wichtigsten fiskalpolitischen Probleme im öffentlichen Haushalt stellt das *Common-Pool* Problem (CPP) dar. Es ergibt sich im Wesentlichen aus der suboptimalen Ausgabenpolitik öffentlicher Ressourcen: einerseits erfolgt eine zentrale Besteuerung der Steuerzahler, andererseits werden die Ausgaben dezentral getätigt. Es besteht die Gefahr für die ausgabentätigenden Politiker, sich an individuellen Interessen zu orientieren und die gesellschaftlich optimale Ausgabenhöhe zu missachten.

Es ergibt sich ein Wettbewerb um die Ausgabenanteile jeder individuellen Gruppe aus einem gemeinsamen *Pool* an Steuereinkünften. Zur Modellierung[33] des CPP werden die ökonomischen Variablen konstant gehalten. Der institutionelle Rahmen bewirkt eine Interaktion verschiedener Gruppen, wodurch der politische Entscheidungsprozess, politische Präferenzen und Verhandlungsprozesse relevant werden.

Das Ergebnis der Konkurrenz um die Verteilung der Nutzen hängt unter anderem davon ab, welche Gruppe politisch am mächtigsten ist und in wiefern der politische Entscheidungsprozess davon beeinflusst wird. Der Einfluss alternativer Institutionen ist ein weiterer wesentlicher Aspekt. Ausgehend von der Wohlfahrtsfunktion **(6.1)** $\sum_J \frac{N^J}{N} w^J$ maximiert jede Gruppe j unter der Nebenbedingung **(6.2)** $\sum_J N^J (g^J + c^J) = Ny$ ihre individuelle Präferenz **(6.3)** $W^J = c^J + H(g^J)$. Jede Gruppe maximiert den Konsum öffentlicher und privater Güter je nach Einkommensverhältnis.

Bei einer völligen Dezentralisierung der Finanzen und Ausgaben wäre der optimale institutionelle Rahmen durch **(6.4)** $C^J = y - \tau = y - g^J$ geschaffen. Jedes Individuum hat einen privaten Konsum der seinem Nettoeinkommen nach Abzug der Steuern bzw. der bereitgestellten öffentlichen Güter entspricht. Eine Koinzidenz der Steuern mit den Nutzen aus öffentlichen Finanzmitteln wäre erreicht **(6.5)** $H_g(g^*) - 1 = 0$.

Bei einer Zentralisierung der Finanzen und Ausgaben wird diese Koinzidenz aufgehoben. Es kommt zum CPP: Gruppen haben verschiedene Präferenzen bzgl. der öffentlichen Güter, dennoch müssen sie alle Güter zum selben Anteil mitfi-

---

33 Persson, Tabellini (2000, S. 163)

nanzieren. Die von jeder Gruppe in Anspruch genommenen öffentlichen Güter liegen über dem gesellschaftlichen Optimum $g^{I,D} > g^*$. Die marginalen sozialen Kosten sind somit höher als die Steuern. Es entsteht dadurch das CPP: Die Steuern werden pro Kopf in gleicher Höhe erhoben, die Ausgaben werden jedoch nach den individuellen Nutzen einer Gruppe ermittelt.

6.2 Budgetprozesse

Der nachfolgende Abschnitt modelliert den Budgetprozess während der Haushaltserstellung im Kabinett. Im Sinne der *fiscal institutionalists* wird veranschaulicht, wie die Verhandlungsstruktur um den Haushalt in der Regierung die Höhe des Haushalts beeinflusst.

6.2.1 Budgetverhandlung

Eine Regierung besteht aus i = 1, ..., n Ministern, die jeweils Ausgaben tätigen. Die Ausgaben erfolgen als Transferzahlungen d_i an die Gesellschaftsgruppen i. Diese liefern im Gegenzug politische Unterstützung. Die Einnahmen werden allerdings durch Steuern von allen Gruppen erhoben und müssen mit Zinsen in der 2. Periode zurückgezahlt werden.

Die Regierung erhält in der 1. Periode einen Vorschuss an Steuereinnahmen aus der vergangenen Legislaturperiode in Höhe von τ_1. In der 2. Periode erhält die Regierung außersteuerliche Einnahmen in Höhe von τ_2. Die Transferleistungen der Regierung an favorisierte Gruppe aus der 1. Periode müssen in der 2. Periode zurückgezahlt werden, wozu, dem Aufwand und der Budgetrestriktion entsprechend, Steuern erhoben werden müssen. Dieses Budgetausgleichsverfahren stellt für die Regierung Kosten dar. Die Nutzenfunktion des Kabinetts in der Periode t besteht aus der Summe der Gegenwartswerte der von jedem einzelnen Ressortminister an die Anhängerschaft geleisteten Transferleistungen abzüglich der überschüssigen Steuerlast, die in die relevanten Wahlkreise fällt:

(6.6) $\quad U = \dfrac{1}{2} \sum_{i=1}^{2} \delta^{t-1} (\prod_{i=1}^{n} d_{i,t}^{\alpha_i})^2 - \delta m \Gamma, 0 < \alpha < 1, 0 < \delta \dfrac{1}{1+r} < 1$ mit α als Trans-

feranteil der begünstigten Gruppe und m als Anteil der überschüssigen Steuerlast

(6.7) $\quad \Gamma_t = \eta T_t + \dfrac{\theta}{2} T_t^2$, die in einen relevanten Wahlkreis fällt. Die Budgetrestrik-

tion der Regierung über 2 Perioden lautet:

(6.8) $\quad \displaystyle\sum_{i=1}^{n} (d_{i,1} + \dfrac{1}{1+r} d_{i,2}) = \tau_1 + \dfrac{1}{1+r} (T_2 + \tau_2)$

Sie besagt, dass die Summe der Transferleistungen an die Klientel jedes Ministers der Summe aus den Steuereinnahmen der vergangenen Legislaturperiode, der überschüssigen Steuerlast in der 2. Periode und den außersteuerlichen Einnahmen der 2. Periode entsprechen muss.

Gegeben der Nutzenfunktion und der Budgetrestriktion trifft das Kabinett die Optimalitätsentscheidung:

$$(6.9) \quad B_1^c - \tau = \frac{\theta m (\tau_2 - \tau_1) + \gamma \tau_1}{\theta m (1 + R) - \gamma} \quad , \quad \gamma = \alpha^\alpha (1 - \alpha)^{1-\alpha}, R = 1 + r$$

Dabei bezeichnet B_1 die Ausgaben und $B_1 - \tau_1$ das Defizit in der 1. Periode. Die Aussage der Optimalitätsentscheidung lautet: Das Defizit aus der 1. Periode entspricht der gewichteten Diskontierung der Nettoeinnahmen des Kabinetts in beiden Perioden abzüglich der überschüssigen Steuerlast.

Ein Ressortminister wird dann einer Ausgabe zuwilligen, wenn die Einnahmen der 2. Periode, die nicht seinen Wahlkreis betreffen, größer sind, als die Steuereinnahmen aus der 1. Periode[34]. Das Defizit in der 1. Periode wird durch weitere Variablen beeinflusst: m, das Gewicht der Steuereinnahmen im Budget, und den Teilungsregeln γ des Budgets zwischen den einzelnen Ministerien. Die Nutzenfunktion einzelner Ministerien lautet:

$$(6.10) \quad U = \frac{1}{2} \sum_{t=1}^{2} \delta^{t-1} (\prod_{i=1}^{n} d_{i,t}^{\alpha_i})^2 - \delta m_i \Gamma_2 \ , \ m_i = \frac{m}{n}$$

Das Defizit, das ein einzelnes Ministerium in seiner Planung eingeht, liegt über der optimalen Defizitgrenze eines zentralen Planers, womit sich ein CPP ergibt:

$$(6.11) \quad B_1^d - \tau_1 = \frac{\theta m_i (\tau_2 - \tau_1) + \gamma \tau_1}{\theta m_i (1 + R) - \gamma} > B_1^c - \tau$$

In den beiden nachfolgenden Abschnitten werden zwei institutionelle Ansätze zur Lösung übermäßiger Defizite, die aus dem *Common-Pool* Problem entstehen, vorgestellt.

6.2.2 Delegation

Der Finanzminister wird bevollmächtigt als Verhandlungsführer (*Agenda-setter*) bei der Fiskalpolitik des Kabinetts aufzutreten. Als fiskalpolitischer Agent der

---

34 In diesem Fall kann er nicht vorhandene Ressourcen aus der 1. Periode leihen, und kann sie in der 2. Periode zurückzahlen – ohne zu befürchten, dass seine Wähler ihn bestrafen werden, da keine überschüssige Steuerlast anfällt, die seine Wählergruppe betrifft, Hallerberg, von Hagen (1997, S. 214).

Regierung hat er ein umfassendes Interesse am Budget und der Kooperation der Politiker während des Budgetprozesses, da die Größe des Haushaltdefizits als Indikator seines Erfolgs gewertet wird. Der Finanzminister wird allen Ausgaben d_i zustimmen, die die Nutzenfunktion des Kabinetts **(6.6)** maximieren wird. Unter der Nebenbedingung, dass die ausgabentätigenden Minister nicht zu sehr überreglementiert werden. Er maximiert daher die Nutzenfunktion:

(6.12) $U_{mf} = \beta U + (1 - \beta)U_i, \, 0 \le \beta \le 1$

β steht für die Verhandlungsmacht des Finanzministers; bei $\beta = 1$ ist das optimale Ergebnis für die gesamte Regierung erreicht. Das optimale Budgetdefizit in der 1. Periode lautet:

(6.13) $B_1^{mf} - \tau_1 = \dfrac{\theta m_{mf}(\tau_2 - \tau_1) + \gamma \tau_1}{\theta m_{mf}(1 + R) - \gamma} < B_1^d - \tau_1, \, m_{mf} = \beta m + (1 - \beta)m_i$

Alle Ressortminister werden den Finanzminister unterstützen, wenn ihr Nutzen aus dem Budget **(6.13)** größer ist als bei **(6.11)** und sich zusätzlich alle Minister kooperativ verhalten. Trotz alledem kann die Möglichkeit nicht ausgeschlossen, dass ein Minister von der Budgetentscheidung abweicht, und versucht seine Ausgaben zu erhöhen. Deshalb sind Kontrollmechanismen nötig, wie bspw. die Autorisation des Finanzministers, den einzelnen Ressortministern die optimale Budgethöhe aufzuzwingen.

6.2.3 Festlegung von Haushaltszielen

Der nächste Ansatz besteht aus einer Vertragslösung zwischen den Kabinettsmitgliedern. Zu Anfang des Budgetprozesses geht die Regierung Verpflichtungen ein, bestimmte fiskalische Ziele einzuhalten. In multilateralen Verhandlungen werden die Teilnehmer implizit dazu gezwungen die volle Steuerlast zusätzlicher Ausgaben zu berücksichtigen. In einer *Nash*-Verhandlungslösung, bei der alle Teilnehmer dieselbe Verhandlungsmacht haben, ist das Defizit in der 1. Periode:

(6.14) $B_1^n - \tau_1 = \dfrac{\theta m \, (\tau_2 - \tau_1) + \gamma \tau_1}{\theta m \, (1 + R) - \gamma} = B_1^c - \tau_1$

Die Minister erreichen die optimale Defizithöhe, die auch ein einzelner Planer erreichen würde. Das Common pool-Problem ist neutralisiert und das optimale Budgetdefizit wird erreicht. Allerdings muss die Implementierung gewährleistet werden, indem ein Regierungsangehöriger bzw. der Finanzminister ausreichende

Aufsichtsmacht (*screening power*) hat, die Minister während der Budgetimplementierung zu kontrollieren.

6.2.4 Implikationen der institutionellen Ansätze

Die Wahl der beschriebenen institutionellen Ansätze zur Lösung von *deficit* und *spending bias* legen entsprechende Regierungstypen nahe. Es ist zu erwarten, dass Einparteienregierungen die Delegationslösung wählen, während Koalitionsregierungen eine Vertragslösung anhand der Festlegung von Haushaltszielen als adäquate Lösung ansehen werden.

Mitglieder der selben Partei haben gleiche Vorstellungen über die Nutzenverteilung der öffentlichen Finanzmittel an verschiedene Empfänger-gruppen. Potentielle Interessenskonflikte entstehen nur durch das *Common-Pool* Problem.

Die Delegation in Koalitionsregierungen ist problematisch: Der Finanzminister hat in einer Koalitionsregierung weniger Macht seine Forderungen durchzusetzen als in einer Einparteienregierung. Da der Finanzminister selbst einer der Koalitionsparteien angehört, entsteht dadurch zusätzlich ein *Principal-agent* Problem. Die Mitglieder anderer Regierungsparteien befürchten, dass der Finanzminister Transferleistungen zustimmt, die seine eigenen Sympathisanten begünstigen, und werden daher nicht dafür stimmen, den Finanzminister mit *Agenda-setting* Macht auszustatten. Der Regierungschef kann den Finanzminister in der Durchsetzung seiner bevorzugten Höhe des Budgetdefizits nicht unterstützen, da die Verteilung der Etats der Ministerien schon bei den Koalitionsverhandlungen festgelegt wird.

Daher ist der Finanzminister in Koalitionsregierungen mit relativ geringer Verhandlungsmacht ausgestattet, z. B. um Minister zu disziplinieren, die übermäßige Ausgaben tätigen.

Es bestehen je nach Regierungstyp Unterschiede hinsichtlich des *Monitoring* im Falle, dass ein Ressortminister von dem festgelegten Haushaltsentwurf abweichen sollte. Eine Einparteienregierung kann als härteste Strafe die Entlassung eines Ministers veranlassen, der übermäßige Ausgaben tätigt. Dies ist für den einzelnen Minister eine relativ harte Bestrafung, für die gesamte Regierung aber ein relativ geringer Aufwand.

In einer Koalitionsregierung hingegen kann ein Koalitionspartner mit dem Bruch der Koalition drohen. Da die übermäßigen Ausgaben eines Ministers eine Neuverteilung der politischen Transferleistungen der restlichen Ministerien bedingen, was einen Verlust der politischen Unterstützung auslösen kann. Die Glaubwürdigkeit der Drohung hängt von einer Reihe von Faktoren, wie etwa der Existenz und Koalitionsfähigkeit alternativer Koalitionspartner und der Machtstellung der Parteien ab.

7 Institutionelle Rahmenbedinungen der Staatsverschuldung

7.1 Konstitutionelle Fiskalpolitik

Buchanan und Wagner (1977) beschreiben die Bedeutung eines „Finanzvertrags" als Reaktion auf die steigenden Verschuldungstendenzen in den Siebzigern. Ihre Analyse wird in diesem Abschnitt näher beleuchtet. Die folgende Darstellung beruht auf den Einschätzungen der genannten Autoren.

Das keynesianische Paradigma sieht die Wirtschaft als grundlegend instabil an. Eine Regierung, die sie koordiniert und Ungleichgewichte ausgleicht, ist deshalb notwendig. Das *deficit spending* ist daher ein probates wirtschaftspolitisches Instrument. Die wirtschaftspolitische Gestaltung in einer Demokratie wird nicht in einem Kontext betrachtet, der die unterschiedlichen Interessengruppen einer Gesellschaft umfasst. Die Finanzverfassung erhält dadurch eine neue Konzeption. Haushaltsdefizite erhöhen im politischen Wettbewerb die Überlebenschancen einer Regierung (*institutional bias*). Die Generierung von Haushaltsüberschüssen verlangt von einer Regierung die Erhöhung der Steuern oder die Senkung der öffentlichen Ausgaben oder eine Kombination aus beidem. Die Wählerschaft nimmt die direkten Folgen einer Haushaltskonsolidierung sehr schnell wahr: Steuererhöhungen vermindern das Einkommen und damit den privaten Konsum, Kürzungen der öffentlichen Ausgaben vermindern den öffentlichen Konsum. Die indirekten Konsequenzen sind dagegen der Öffentlichkeit schwer zu vermitteln: Der Nutzen einer Haushaltskonsolidierung bleibt als fiktive Gestalt der Vermeidung einer Inflationsgefahr, die zu einer persistenten Instabilität der Wirtschaft und Einkommenskürzungen führen könnte.

Buchanan, Wagner und Burton (*ibidem*) schlagen eine fiskalische Verfassung, die einstimmig von den parlamentarischen Parteien akzeptiert wird, als Grundlage der fiskalpolitischen Entscheidungen vor[35]. Die Autoren nennen einige konkrete Ausgestaltungsmöglichkeiten:

Die öffentlichen Ausgaben im Haushalt sollten nicht unabhängig von den Staatseinnahmen bestimmt werden. Ein ausgeglichener Haushalt als Budgetierungsregel ist praktikabel und kann der Öffentlichkeit verständlich gemacht werden. Die Implementierung einer Politik des ausgeglichenen Haushalts sollte durch Schaffung von automatischen Stabilisatoren flankiert werden. Eine Einteilung in

---

35 Vgl. hierzu auch Blankart (1999, S. 46)

Etappenzielen erleichtert die Implementierung, indem die Schwierigkeiten bei der Anpassung der Stabilisatoren verringert werden. Eine Klausel sollte für Ausnahmezustände, z. B. Kriege, berücksichtigt werden. Die Reaktion auf exogene Schocks wird dadurch erleichtert. Die Stabilität der Geldpolitik ist ein weiterer relevanter Aspekt.

7.2 Finanzverfassung im Generationenmodell

Der folgende Abschnitt beschreibt das Modell von Azariadis und Galasso (1999). Die Autoren zeigen, dass Verfassungen den Einfluss der politischen Indiskretion auf die Fiskalpolitik limitieren. Die Staatsverschuldung kann somit in Grenzen gehalten werden.

7.2.1 Modelltheoretische Annahmen

Zur Analyse der Allokationseffekte verschiedener fiskalpolitischer Entscheidungen wird von einer Regierung ausgegangen, die sich als sozialer Verantwortungsträger sieht. Es wird eine 2-Perioden-Ökonomie mit linearer Technologie betrachtet. Die Individuen innerhalb einer Generation sind identisch. Für jedes Individuum einer Generation gelten dieselben finanzpolitisch relevanten Steuersätze und Transferleistungen. Ein Individuum weist die folgende Nutzenfunktion über 2 Perioden auf: **(7.1)** $u_t = U(c_t^t) + \beta U(c_{t+1}^t)$ mit $\beta > 0$ Der Nutzen des Individuums setzt sich aus dem Nutzen anhand des Konsums in der Periode t zuzüglich des mit dem Faktor β diskontierten Nutzens aus dem Konsum in der Periode $t+1$ zusammen.

Die individuellen Budgetbeschränkungen im jungen bzw. fortgeschrittenen Alter lauten:

(7.2a) $c_t^t \le \omega_1 - \tau_{t-}z_t$ *und* **(7.1b)** $c_{t+1}^t \le \omega_2 + (1+n)\tau_{t+1} + Rz_t$

Das Nettoeinkommen aus der Lohnarbeit eines jungen Individuums abzüglich der Steuern muss größer oder gleich der Summe aus dem Konsum und der Ersparnis sein. Für die alten Individuen muss der Konsum kleiner oder gleich dem Nettoeinkommen zuzüglich der mit dem Bevölkerungswachstum gewichteten Transferleistungen und der verzinsten Ersparnis sein.

Der Gegenwartswert des Einkommens im Lebenszyklus eines jungen Individuums, das in t geboren ist, lautet: $\omega_1 - \tau_1 + [\omega_2 + (1+n)\tau_{t+1}] / R$. Daraus leitet sich der Gleichgewichtsnutzen über 2 Perioden ab:

(7.2) $v_t^t(\tau_1, \tau_{t+1}) = \max\{u_t \,|\, W_t = \omega_1 - \tau_1 + [\omega_2 + (1+n)\tau_{t+1}] / R\}$

Die Nutzenfunktion für ein altes Individuum lautet dagegen:

$$(7.3)\quad v_t^l(\tau_{t-1},\tau_t) = U(z_{t-1}(\tau_{t-1},\tau_t)R + \omega_2 + (1+n)\tau_t)$$

Im Vergleich dazu lautet der Gleichgewichtsnutzen im Lebenszyklus eines jungen Individuums im Sinne des *laisez-faire* Paradigmas ohne soziale Absicherung:

$$(7.4)\quad v^{LF}(\tau_1,\tau_{t+1}) = v_t^l(0,0) = \max\{u_t \,|\, W_t = \omega_1 + \omega_2 / R\}$$

Es wird dabei angenommen, dass $(1 + n) > R$ gilt; aus der Nutzenfunktionen (7.3) folgt daraus $v_t^l(\tau,\tau) > v^{LF}$. Es wird der optimale Pro-Kopf Steuersatz τ_g erhoben, der nach der *golden rule*, die Steuereinnahmen auf beide Generationen gleichmäßig verteilt.

7.2.2 Fiskalpolitik im Mehrheitswahlverfahren

Alle Individuen beider Generationen haben eine Stimme zur Abstimmung über die Höhe der aktuellen Steuer τ_t[36]. Jedes Individuum einer Generation wählt in gleicher Weise. Es wird angenommen, dass die junge Generation in der Mehrheit ist. Nach dem Mehrheitswahlrecht werden die Entscheidungen der jungen Generation implementiert.

7.2.2.1 Fiskalpolitik ohne Verbundprinzip

Zunächst wird ein Gleichgewicht untersucht, das sich ergibt, falls kein Verbundprinzip mit wirksamen Vererbungsmotiven gilt Die Entscheidungen der Wähler beider Generationen hängen dann nicht von der Vergangenheit ab, sondern werden an einem bestimmten Kalendertag (Wahltag) beschlossen. Die gewählte Strategie spiegelt daher ein *Nash*-Gleichgewicht wider, in dem es keine Anreize gibt, von der getroffenen Entscheidung abzuweichen oder mit der anderen Generation zu kooperieren. Das Gleichgewicht dieser Strategie entspricht einem Gleichgewichtsnutzen im Lebenszyklus eines jungen Individuums v^{LF}, der ohne ein soziales Renten- und Steuersystem erreicht wird.

---

36 Der Steuersatz kann als Tilgungsquote der Staatsverschuldung interpretiert werden, Azariadis, Galasso (2002, S. 276).

7.2.2.2 Fiskalpolitik mit Verbundprinzip

Wenn sich die Individuen kooperativ verhalten, dann tun sie das aus einem Selbstinteresse heraus. Ein kooperatives Verhalten ermöglicht ein Sozialsystem, das das einzelne Individuum – wie bereits gesehen – besser stellt als es ohne soziale Sicherung der Fall wäre. Anreize, die die Koordination der Fiskalpolitik ermöglichen, können durch soziale Verträge und Regeln mit Bestrafung und Belohnungen geschaffen werden. Wenn die Individuen zur Kooperation nicht verpflichtet werden können, führen soziale Regeln mit den so genannten Vergeltungsstrategien (*trigger strategies*) dazu, dass die Kooperation für die Wähler individuell rationell wird. Ein Individuum, das nicht die sozialen Regeln einhält, wird in der nächsten Periode von der Nachfolgegeneration damit gestraft, dass es keine Transferzahlungen erwarten darf. Der Spielraum für die Entscheidungen eines Individuums wird rechtlich[37] eingeengt. Damit führen die verfolgten Strategien zu einer Art teilspielperfektem Gleichgewicht.

7.2.3 Fiskalpolitik mit konstitutionellen Schranken

Die Individuen wählen die Verfassung aus, auf deren Basis Steuern erhoben werden. In jeder Periode t hat die junge Generation das Recht einen Steuersatz $p_t \in T$ vorzuschlagen. Wobei T die Teilmenge der realistischen Steuersätze bezeichnet. Dieser Steuersatz kann von der alten Generation durch ein Vetorecht, zu Gunsten des *Status quo* mit dem Steuersatz $\tau_{t-1} \in T$, abgelehnt werden. Auf der fiskalpolitischen Agenda stehen somit die Steuersätze (7.5) $B_t = \{\tau_{t-1}, p_t\}$ zur Auswahl. Die Problematik lässt sich als formales Modell abbilden.

Die junge Generation hat in der Periode t die Handlungsmöglichkeit eine Pro-Kopf-Steuer (7.6) $a_t^y \in T = [0, \omega_t]$ zu erheben. Die Teilmenge der realistischen Steuersätze T stellt dabei sicher, dass der Konsum der jungen Generation nicht-negativ ist. Ein Steuersatz in Höhe von $\tau > \omega_1$ würde einen negativen Konsum der jungen Generation bedeuten.

Als Handlungsalternativen der alten Generation ergeben sich die Optionen, den Vorschlag der jungen Generation abzulehnen oder ihn zu akzeptieren, (7.7) $a_t^o = \{Y, N\}$. Die junge Generation bezieht in ihre Entscheidung in der Periode t die Steuersätze der vergangenen Perioden mit ein. Die alte Generation bezieht neben den Steuersätzen der vergangenen Perioden auch die Entscheidungs-alternative der jungen Generation mit ein. Es wird von den Autoren

---

37 In dem zu Grunde liegenden Modell sind die rechtlichen Bestimmungen verfassungs-rechtlich verankert.

angenommen, dass anhand des Vetorechts die Stimmen der alten Generation entscheidend sind. Das Gleichgewicht ergibt sich als teilspielperfektes Gleichgewicht. Die verfassungsrechtlichen Beschränkungen unterstützen die Verpflichtung, ein intaktes Steuer- und Rentensystem zu erhalten. Die alte Generation kann jeden Änderungsvorschlag durch ihr Vetorecht ablehnen. Die junge Generation wählt als Steuersatz $\tau_{t-1} = p_t$, der *Status quo* bleibt damit erhalten und eine stabile Fortführung der Fiskalpolitik, die nicht dem Veto der alten Generation unterliegt, wird erreicht.

Die alte Generation wählt den größten Wert der fiskalpolitischen Agenda aus und lehnt jeden Vorschlag, der ihren Nutzen reduzieren würde, durch ein Veto ab. Die junge Generation kann durch ihre Rolle als *agenda setter* den – nach der „goldenen Regel" – optimalen Steuersatz τ_g festlegen. Aus dieser Überlegung heraus lässt sich ableiten, dass es für den Nutzen im Lebenszyklus jedes Individuums, das sich nach der goldenen Regel verhält und ein Vetorecht besitzt, ein politökonomisches Gleichgewicht gibt. Das Abweichen von der goldenen Regel hat zur Folge, dass allein das Vetorecht der Minderheit ausreicht, den optimalen Steuersatz bzw. die Tilgungsquote und somit den optimalen Nutzen wieder herzustellen. Der optimale Nutzen aus der goldenen Regel ist das Gleichgewicht, das den intertemporal höchsten und daher auch den maximalen Konsum über zwei Perioden stiftet.

Das vorgestellte Modell liefert einen Lösungsansatz für die – von Buchanan befürchtete – Aushöhlung des Verfassungsvertrags dar[38]. Durch die festgesetzten Anreize und Regeln werden die jeweiligen Mehrheiten zu einem einstimmigen Verhandlungsergebnis gezwungen, das die Durchsetzung einer intertemporalen Lösung ermöglicht.

---

38 Vgl. Blankart (2001, S. 47)

8 Empirische Evidenz

8.1 Fiskalpolitik in den OECD-Ländern

8.1.1 Effektivität der Fiskalpolitik

Alesina und Perotti (1995) stellen die Frage danach, ob die übermäßigen Ausgaben eine Folge von Erhöhungen in den öffentlichen Ausgaben oder etwa von Steuersenkungen sind.

Die Tabelle 2 gibt den Zusammenhang zwischen der verfolgten Fiskalpolitik und der öffentlichen Finanzlage, nach Einahmen und Ausgaben getrennt, wider. Die Haushaltskonsolidierung erfolgt im Wesentlichen durch die erhöhten Steuereinnahmen. Bei einer sehr kontraktiven Fiskalpolitik ist eine Konsolidierung auch von der Ausgabenseite zu beobachten. In der Gesamtbetrachtung ergibt sich, dass Haushaltsanpassungen sich nur im geringen Maße durch die verschiedenen fiskalpolitischen Ausgestaltungen realisieren.

Der Zusammenhang zwischen den makroökonomischen Variablen und Gesamtausgaben und -Einnahmen wird in der Tabelle 3 in einer Regression dargestellt. Daneben sind auch *ceteris paribus* die Auswirkungen der einzelnen Fiskalpolitiken auf die Ausgaben und Einnahmen angegeben.

Die Auswirkung der Inflation auf die Ausgaben ist entsprechend den Erwartungen negativ. Die Ausgabenhöhe ist nominell festgesetzt, eine Preisanpassung vollzieht sich nur nach einer Verzögerung. Die Veränderung der Arbeitslosenquote weist einen positiven Zusammenhang mit den Ausgaben auf. Die erhöhte Arbeitslosigkeit macht zusätzliche Ausgaben auf dem Arbeitsmarkt erforderlich. Der Zusammenhang zwischen der gesamtwirtschaftlichen Wachstumsrate und den Ausgaben ist negativ, da die kostenträchtigen öffentlichen Ausgaben längerfristig angesetzt sind.

Auf der Einnahmenseite hat die Veränderung der Inflationsrate gegenteilige Auswirkungen: Zum einen steigen die Einnahmen wegen der verzögerten Anpassung der Steuerklassen bei der Erhebung der Einkommensteuer. Zum anderen sinken sie aufgrund der verzögerten Anpassung bei den Sozialbeiträgen, die sich nicht am Lohnniveau bzw. am Preisniveau orientieren, sondern sich unterhalb eines festgelegten Beitragswerts bewegen, so etwa der Solidaritäts-zuschlag nach der deutschen Wiedervereinigung.

Die Auswirkungen der Wachstums- und der Arbeitslosenrate auf der Einnahmenseite widersprechen den Erwartungen. Dies legt den Schluss nahe, dass die Regierung hier eine antizyklische Fiskalpolitik betreibt. Bei zunehmender

Arbeitslosigkeit tätigt die Regierung vermehrte Ausgaben und finanziert sie über erhöhte Steuereinnahmen. Bei einem Abschwung des Wachstums dienen die erhöhten öffentlichen Ausgaben als Konjunkturspritze, jedoch führt der allgemeine Rückgang des Wirtschaftswachstums zum Sinken der Einnahmen.

Eine kontraktive Fiskalpolitik hat positive Auswirkungen auf die Einnahmen. Bei einer expansiven Fiskalpolitik ergibt sich das Spiegelbild dazu. Die Ausgaben steigen um die gleiche Höhe und die Einnahmen bleiben unverändert. Bei einer differenzierteren Ausgestaltung der Fiskalpolitik wird die Ausgabenseite stärker beeinflusst. Eine sehr kontraktive (expansive) Fiskalpolitik führt zum – im Vergleich zu den Einnahmen – erhöhten Rückgang (Anstieg) der Ausgaben.

Bei näherer Betrachtung der öffentlichen Ausgaben und ihrer Zusammensetzung erhält man aus der Tabelle 4 folgende Ergebnisse: Während der expansiven und sehr expansiven Fiskalpolitik nehmen in erster Linie die Transferzahlungen und die öffentlichen Gehälter zu. Während der kontraktiven und sehr kontraktiven Fiskalpolitik ist der Rückgang der öffentlichen Ausgaben auf die Kürzungen in den öffentlichen Investitionen zurückzuführen. Bei einer sehr expansiven Fiskalpolitik sind der Anstieg der Transferzahlungen um 1 % des BIP und der Anstieg der öffentlichen Gehälter um 0,5 % des BIP als beträchtlich anzusehen. Zumal dieser Anstieg nicht durch eine kontraktive Fiskalpolitik kompensiert werden kann. Der Rückgang dieser Ausgabenkomponenten fällt bei einer kontraktiven oder sehr kontraktiven Fiskalpolitik gering aus und vollzieht sich bei anderen Ausgabenkomponenten. Gleichzeitig sind die Ergebnisse auch statistisch nicht signifikant.

Die Ergebnisse auf der Einnahmenseite des Regierungsbudgets sind in der Tabelle 5 zusammengefasst: Die indirekten Steuern und die Gewerbesteuern nehmen einen geringen Teil in den Staatseinnahmen ein. Eine Erhöhung der Steuereinnahmen wird durch eine kontraktive Fiskalpolitik bei den direkten Steuern auf die Haushalte und bei den indirekten Steuern erreicht. Eine maßgebliche Erhöhung der Gewerbesteuer lässt sich nur durch eine sehr kontraktive Fiskalpolitik erreichen. Eine zu expansive Fiskalpolitik führt insbesondere bei den Gewerbesteuern zu einem Rückgang. Der Anteil der Sozialbeiträge am BIP bleibt weitgehend von der Art der Fiskalpolitik unberührt.

8.1.2 Haushaltskonsolidierung

Bei erfolgreicher Konsolidierung werden die fiskalpolitischen Veränderungen zu 80 % auf der Ausgabenseite vollzogen. Die Einsparungen werden bei erfolgreicher Konsolidierung bei den öffentlichen Gehältern und bei den Transferleistungen des Staates erzielt. Bei nicht erfolgreicher Haushaltskonsolidierung dagegen werden die Veränderungen vor allem auf der Einnahmenseite durchgeführt, z. B. durch Steuererhöhungen. Bei nicht erfolgreicher Konsolidierung werden diese Einsparungen nicht erreicht. Der Rückgang vollzieht sich hauptsächlich bei den öffentlichen Investitionen (Tabelle 6 und 7).

Easterly (1998) macht darauf aufmerksam, dass die staatlichen Haushalts-kon-solidierungen Vermögensumschichtungen unterliegen. Eine reale Verbesserung der Haushaltslage stellt sich demnach nicht ein. Es wird stattdessen, seitens der Regierungen, auf Rechentricks zurückgegriffen.[39]

Nach Easterly (*ibidem*) ist der Nettowert der öffentlichen Vermögenswerte die angemessene Definition des Haushaltsdefizits. Der Nettowert der öffentlichen Vermögenswerte erfasst das intertemporale Verhalten der Regierung. Bei dem Abbau des Haushaltsdefizits werden die öffentlichen Vermögenswerte durch Privatisierungen und Kürzungen in den öffentlichen Investitionen reduziert.

Privatisierungen und der Verkauf von öffentlichen Vermögensgegenständen sind eine allgemeine Reaktion der Regierungen, wenn ihnen Verschuldungs-schranken aufgezwungen werden. Der Erlös aus den Veräußerungen dient dazu, Verbindlichkeiten auszugleichen, wodurch vorgegebene Haushaltsziele erreicht werden können. [40] Um den Konsum von öffentlichen Gütern zu sichern und bestimmte Haushaltsziele zu erfüllen, verschieben Regierungen ihre Einahmen und Ausgaben über die Zeit.[41]

Ein weiterer intertemporaler Ansatz ist die Bereitstellung der Vermögensge-genstände mit staatlicher Beteiligung zu einem negativen Zinssatz. Beispielsweise werden geleistete Rentenbeiträge mit ihren Erträgen in mehreren Schwellenlän-dern als Finanzierungsquelle mit geringer Zinshöhe angesehen.[42]

In den Mitgliedsländern der Eurozone wurden während den Zeiträumen der Haushaltskonsolidierung zur Erfüllung der Maastrichtkriterien verschiedene Ver-mögenswerte veräußert und unterschiedliche Klassifizierungen in der Staatsbilanz vollzogen. Eine leichte Erhöhung des öffentlichen Konsums, eine Vervierfachung der Privatisierungserlöse und Kürzungen in den öffentlichen Investitionen konn-ten für die Mehrheit der Mitgliedsstaaten nach der Ratifizierung des Vertrags von Maastricht beobachtet werden.

---

39 Vgl. hierzu Weichenrieder (2000, S. 183)
40 Eine gängige Erlösquelle für den Staatshaushalt der Entwicklungsländer stellen die Erdöleinnahmen dar, Easterly (1998, S. 2)
41 1998 emittierte die brasilianische Regierung Zero-Coupons, mit einer Auszahlung nicht vor Ende des Folgejahres, um die anstehende jährliche Zinslast zu vermindern (Easterly, 1998, S. 6).
42 Easterly (1998, S. 8)

Die Tabelle 8 zeigt, dass die Beschäftigungsrate im öffentlichen Sektor bei erfolgreicher Haushaltskonsolidierung sinkt. Die Beschäftigungsrate der Erwerbspersonen steigt in diesem Fall nur minimal. Bei nicht erfolgreicher Haushaltskonsolidierung bleibt die Beschäftigungsrate auf dem durchschnittlichen Niveau. Es erfolgt kein Rückgang der Beschäftigung im öffentlichen Dienst.

In der Tabelle 9 wird die Veränderung der Einnahmen in ihren einzelnen Bestandteilen dargestellt. Bei erfolgreicher Haushaltskonsolidierung steigen die Einnahmen insgesamt weniger. Der Anstieg ist hier vor allem auf die erhöhten Gewerbesteuern zurückzuführen. Bei nicht erfolgreicher Haushaltskonsolidierung steigen hauptsächlich die direkten und indirekten Einkommensteuern.

Easterly (*ibidem*) argumentiert jedoch, dass die empirischen Ergebnisse für erfolgreiche bzw. nicht erfolgreiche Haushaltskonsolidierungen nur minimal variieren, wenn mit anderen Definitionen der Haushaltskonsolidierung operiert wird. Der Autor ist der Ansicht, dass die Regierungen den Anreiz haben den öffentlichen Konsum auch während der Konsolidierung konstant zu halten.[43]

8.1.3 Politische Einflussfaktoren

In der Tabelle 10 sind die Wahrscheinlichkeiten für den finanzpolitischen Kurs verschiedener Regierungstypen, anhand von Beobachtungen in den OECD-Ländern, angegeben. Koalitionsregierungen verfolgen mit hoher Wahrscheinlich-keit eine sehr kontraktive Fiskalpolitik. Dennoch ist die Wahrscheinlichkeit, dass sie nicht erfolgreich sind, am höchsten. Die höchste Wahrscheinlichkeit einer kontraktiven Fiskalpolitik ist für Minderheitsregierungen angegeben. Die Wahrscheinlichkeit, dass sie erfolgreich verlaufen wird, liegt aber unter der Wahrscheinlichkeit für Einparteienregierungen; für die wiederum die Wahrscheinlichkeit einer kontraktiven Fiskalpolitik am geringsten ist.

Linke Regierungen weisen die höchste Wahrscheinlichkeit für eine kontraktive Fiskalpolitik auf. Ihre Erfolgswahrscheinlichkeit liegt jedoch unter der einer Rechtsregierung, deren Wahrscheinlichkeit für einen kontraktiven fiskal-politischen Kurs am geringsten für alle Regierungstypen ist.

Auf gegensätzliche Ergebnisse stoßen de Haan und Sturm (1997) in ihren Untersuchungen während der 1980er Jahre in den OECD-Ländern. Sie finden keinen signifikanten Einfluss des Regierungstyps auf die unterschiedliche Verschuldungs- und Ausgabenhöhe der Länder.

Bei der Untersuchung nach einem Zusammenhang zwischen den Wahljahren, der verfolgten Fiskalpolitik und deren Erfolgswahrscheinlichkeit, ergeben sich

---

43 Easterly (1998, S. 14)

nach Alesina und Perotti (1995) ähnliche Ergebnisse wie bei für den Einfluss des Regierungstyps nach de Haan und Sturm (1997). Es ist daher nicht davon auszugehen, dass der Zeitpunkt der Wahlen einen entscheidenden Einfluss auf die Fiskalpolitik hat (Tabelle 11).

Die Tabelle 12 zeigt die Ergebnisse für die Untersuchung nach einem Zusammenhang zwischen rezessiven Jahren und der verfolgten Fiskalpolitik und deren Erfolgswahrscheinlichkeit. In rezessiven Jahren ist die Wahrscheinlichkeit einer expansiven Fiskalpolitik um das 2,5-fache höher. Umgekehrt ist die Wahrscheinlichkeit für eine kontraktive Fiskalpolitik und die Erfolgs-wahrscheinlichkeit der Fiskalpolitik in Jahren ohne Rezession doppelt so hoch.

8.2 Strategische Variable im politischen Konjunkturzyklus

Zahlreiche Untersuchungen mit alternativen Erklärungsansätzen bzgl. der Staatsverschuldung nahmen sich die Inkongruenz des Modells der Steuerglättung mit den empirischen Ergebnissen als Denkanstoß. Wie schon gesehen- erklärt das Argument der Steuerglättung von Barro (1979) die Schwankungen im Staatshaushalt während des Zeitraums von 1970 bis zur Mitte der 90er Jahre nicht.

Persson und Svensson (1989) stellen ein strategisches Kalkül der Regierungen bei der Festlegung ihrer Fiskalpolitik fest. Zur Untermauerung ihres Modells stützen sich die Autoren dabei auf die Regierungswechsel ab den späten Siebzigern in Schweden. Nach dem Wahlsieg der liberalen Partei vollzogen sich ein kontinuierlicher Anstieg der öffentlichen Ausgaben und ein Rückgang der Steuereinnahmen. Das Ergebnis war ein Haushaltsdefizit. Nach dem Regierungswechsel durch die sozialdemokratische Partei in dem Jahr 1982 entwickelte sich ein gegensätzlicher Trend: Die öffentlichen Ausgaben wurden moderat gehalten und die Steuern wurden erhöht. Es wurde ein Haushaltüberschuss generiert (Abbildung 7).

Abbildung 7: *Öffentliche Ausgaben in Schweden (1960–87)*

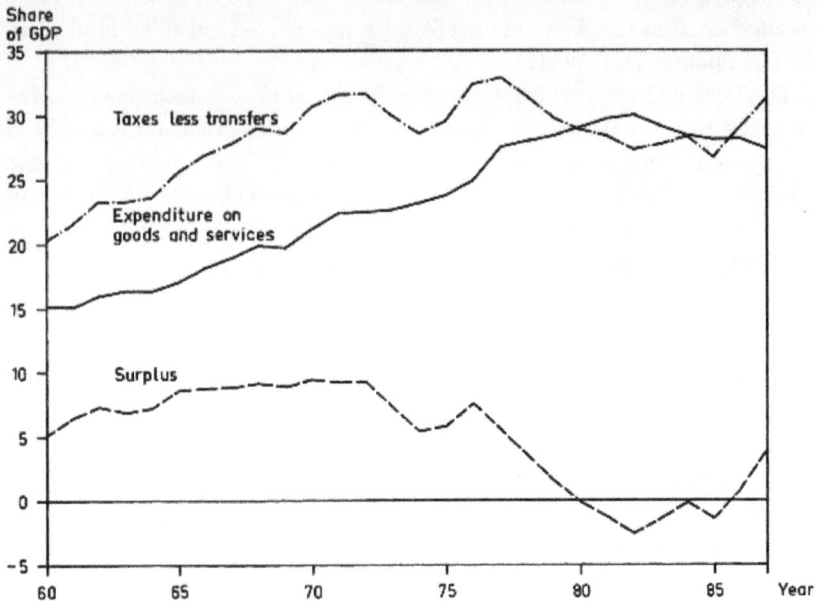

Quelle: Persson, Svensson (1989, Abbildung 3b)

Eine andere Position nimmt Lambertini (2003) ein. Die Autorin untersucht die empirische Evidenz des Modells von Persson und Svensson (1989) und Tabellini und Alesina (1990) unter dem Aspekt der Erwartungsbildung. Sie verwendet dazu Meinungsumfragen in den USA während des Zeitraums 1960–96 als *Proxy*-Variablen für die Erwartung der Regierung über ihre Wiederwahl. Lambertini stellt fest, dass die Wahrscheinlichkeit einer Abwahl der amtierenden Regierung keine Auswirkungen auf das Budgetdefizit zeigt.

Die Wahrscheinlichkeit einer Abwahl der amtierenden Regierung hat keinen signifikanten und negativen Einfluss auf einen Budgetüberschuss. Das theoretische Ergebnis nach dem Modell von Tabellini und Alesina, dass die voraussichtlich aus dem Amt scheidende Regierung ein Budgetdefizit hinterlassen wird, kann nach Lambertini empirisch nicht bestätigt werden.

Nach dem Modell von Persson und Svensson wird eine konservative (republikanische) Regierung angesichts eines Misserfolgs bei den Wahlen ein Budgetdefizit und eine liberale (demokratische) Regierung ein Budgetüberschuss hinterlassen. Diese Ergebnisse lassen sich nach Lambertini empirisch nicht belegen. Die Neuigkeiten in den Umfrageergebnissen haben keinen signifikanten Einfluss auf das Budgetdefizit.

Die empirischen Schätzungen für die OECD-Länder liefern insignifikante Ergebnisse für den Zusammenhang zwischen dem Regierungswechsel und der Lage des Staatshaushalts. Lambertini stellt auch keinen direkten Zusammenhang zwischen dem vermehrten Konsum öffentlicher Güter und den Präferenzen der amtierenden Regierung fest.

Die negativen Ergebnisse zeigen, dass fiskalpolitische Entscheidungen komplizierteren politischen Prozessen unterliegen als den Erwartungen bezüglich der Wahlergebnisse seitens der Regierung. Makroökonomische Variablen und Haushaltsbeschränkungen, wie etwa das Regelwerk des Stabilitäts- und Wachstumspakts für die Länder der Eurozone, machen einen großen Erklärungsgehalt aus.[44]

8.3 Einfluss der Wahlverfahren

8.3.1 Einfluss der Wahlverfahren auf die öffentliche Finanzlage

Anhand einer länderübergreifenden empirischen Untersuchung soll die Evidenz für den theoretischen Zusammenhang zwischen den Wahlverfahren und der Staatsverschuldung überprüft werden. Die Ergebnisse stützen sich auf die Untersuchungen von Milesi-Ferretti, Perotti und Rostagno (2001) in den lateinamerikanischen und OECD-Ländern Mitte der 90er Jahre.

Im Vergleich der lateinamerikanischen Länder mit den OECD-Ländern fällt auf, dass die Verteilung der Wahlstimmen auf die Vergabe der Parlamentssitze verhältnismäßiger ausfällt: Alle Werte für die Größe der Wahlbezirke (die ersten 6 unabhängigen Variablen) und der Wert für RAE[45] in der Tabelle 13 sind in den lateinamerikanischen Ländern größer.

Die Regierungen in den lateinamerikanischen Ländern sind weniger umfangreich als in den OECD-Ländern: Das Maximum der Regierungsausgaben in den lateinamerikanischen Ländern liegt unter dem Minimum der Regierungsausgaben in den OECD-Ländern. Die Transferleistungen weisen große Unterschiede auf, wobei die Ausgaben für öffentliche Güter sich in ähnlicher Größenordnung mit denen aus den OECD-Ländern befinden.

---

44 Lambertini (2003, S. 22)

45 Die Variable RAE (Average Deviation from Proportionality) ist ein Maß für die Abweichung der – in einer Wahl – von einer Partei erhaltenen Stimmen von der Verteilung der Parlamentssitze; Milesi-Ferretti, Perotti und Rostagno (2001, S. 20).

Die Wahlvariablen, die ein Maß für die Proportionalität des Wahlsystems darstellen, haben in der Tabelle 14 alle einen insignifikanten Einfluss auf die Gesamtausgaben der Regierung. Der Einfluss auf die Transferauszahlungen sind dagegen alle signifikant und haben einen positiven Einfluss. Daneben ist auch der Einfluss der Variable POP65[46] auf die Transferzahlungen signifikant und erwartungsgemäß positiv.

Der Einfluss der Wahlvariablen auf den Anteil der Ausgaben für öffentliche Güter am BIP ist erwartungsgemäß negativ, aber nicht signifikant. Bei einer gesonderten Betrachtung der Ländergruppen in den Tabellen 15 und 16 werden die erzielten Ergebnisse noch deutlicher.

Der Einfluss der Wahlvariablen auf die Gesamtausgaben der Regierung in der Tabelle 15 ist signifikant und zeigt einen stärkeren positiven Einfluss; dasselbe gilt insbesondere für den Einfluss auf die Transferzahlungen. Der Einfluss auf die Ausgaben für öffentliche Güter ist wieder negativ und insignifikant. Dies lässt den Schluss zu, dass der Anteil der Transferzahlungen in den OECD-Ländern die dominierende Größe in den Gesamtausgaben der Regierung ist.

Die gesonderten Untersuchungen für die lateinamerikanischen Länder in der Tabelle 16 liefern erwartungsgemäß gegensätzliche Ergebnisse. Die Wahlvariablen weisen einen negativen, aber insignifikanten Einfluss auf die Gesamtausgaben der Regierung auf. Der Einfluss auf die Transferzahlungen ist sehr schwach positiv und insignifikant. Lediglich der Einfluss auf die Ausgaben für die öffentlichen Güter ist positiv und signifikant.

Die empirischen Untersuchungen sind konsistent mit den theoretischen Zusammenhängen. Für Länder mit Wahlsystemen, die ein höheres Maß an Proportionalität aufweisen, ist der Anteil der Transferzahlungen (Ausgaben für öffentliche Güter) an den Staatsausgaben höher (niedriger). Des Weiteren konnte der Zusammenhang gesehen werden, dass bei Ländern mit Wahlsystemen, die ein höheres Maß an Proportionalität aufweisen und demzufolge auch höhere Transferzahlungen, die Gesamtausgaben der Regierung höher ausfallen.[47]

---

46 Anteil der Bevölkerung, die älter als 65 ist, an der Gesamtbevölkerung; Milesi-Ferretti, Perotti und Rostagno (2001, S. 42).

47 Milesi-Ferretti, Perotti und Rostagno (2001, S. 24)

8.3.2 Einfluss der Wahlverfahren auf die Regierungstypen

Einige wesentliche Zusammenhänge sollen dargestellt werden, die hauptsächlich auf den empirischen Ergebnissen von Lijphart[48] beruhen.

Das Mehrheitswahlrecht (plurality rule) unterstützt die Bildung von Einparteienregierung, das Verhältniswahlsystem dagegen die Bildung von Mehrparteienregierung bzw. Minderheitsregierung in Form von Einparteien- oder Mehrparteienregierungen.

Wahlkreise sind in Mehrheitswahlsystemen größer als in Verhältniswahlsystemen, womit eine größere Anzahl an Parteien pro Wahlkreis einhergeht. Die Proportionalität von Wählerstimmen und Abgeordneten kommt dadurch besser zur Geltung. Wahlverfahren mit kleineren Wahlbezirken haben eine schwächere Korrelation der Sitze mit dem Prozentsatz der erhaltenen Wählerstimmen; die größeren Parteien werden dadurch begünstigt. Kleinere Wahlbezirke, wie bspw. in der Niederlande, begünstigen kleinere Parteien, die mit weniger als 1 % der Stimmen sogar ins Parlament einziehen können.

Prozenthürden stellen ein Instrument dahingehend dar, die proportionale Verteilung der Sitze entsprechend der Wählerstimmen zu untermauern. Disparitäten in den Wahlkreisen werden somit reduziert. Größere Parteien werden durch diese Methode begünstigt und das politische Spektrum eingeschränkt. Eine geringe Anzahl von Parteien erhöht zudem auch die Wahrscheinlichkeit die absolute Mehrheit der Parlamentssitze zu erzielen.

8.4 Budgetprozesse in den USA

Es soll nun ein kurzer Einblick in die Budgetprozesse in den USA anhand der Darstellung von Poterba (1996) gegeben werden.

Die US-amerikanischen Staaten variieren in ihren Budgetregeln und -Institutionen zur Erreichung der Fiskaldisziplin. Die Verpflichtung zu einem ausgeglichenen Haushalt (*balanced budget requirements*) ist verfassungsmäßig verankert oder in anderer rechtlicher Form in der Haushaltsaufstellung vertreten. Die Verpflichtung kann in drei Gruppen klassifiziert werden:

In der ersten Gruppe wird der Gouverneur verpflichtet, einen ausgeglichenen Haushalt vorzulegen. Die zweite Gruppe setzt sich aus den Staaten zusammen, in denen die Legislative einen ausgeglichenen Haushalt verabschiedet, wobei Ausnahmen möglich sind. Eine dritte Gruppe bilden die Staaten, in

---

48 Vgl. Hallerberg, von Hagen (1997, S. 219)

denen die Legislative einen ausgeglichenen Haushalt verabschiedet, mit dem Verbot ein Defizit auf die nächsten Jahre zu verschieben (*carry over*-Klausel).

Es sind jedoch keine formalen Durchsetzungsmechanismen und Gerichtsverfahren wie in der EWU zur Erreichung eines ausgeglichenen Haushalts vorhanden. Budgetregeln werden in den einzelnen Staaten für bestimmte Ausgaben unterschiedlich aufgestellt.

Der Einfluss der verschiedenen Budgetregeln auf das Budgetdefizit wird in einer Regressionsanalyse (Tabelle 17) dargestellt. Demnach hat die relativ stringente Budgetregelung, die eine *carry over*-Klausel ausschließt, den signifikantesten und einen deutlich negativen Einfluss auf das Budgetdefizit. Der Einfluss des durch die Legislative entworfenen Haushalts ist nicht signifikant. Die Budgetregeln der beiden anderen Klassifizierungen haben keinen bzw. minimalen negativen Einfluss auf das Budgetdefizit.[49] Obwohl die meisten Ausgaben von diesen Haushaltsbeschränkungen beeinflusst werden, existieren während der Budgetimplementierung Spielräume in der Praxis der Steuererhöhung und Ausgabenkürzung, z. B. aufgrund der Konjunkturlage[50].

8.5 Budgetprozesse in den EU-Mitgliedsstaaten

Die wissenschaftliche Literatur[51], die die Haushaltsdisziplin aus einer institutionellen Perspektive betrachtet, gliedert den Budgetprozess in den EU-Staaten in mehrere Phasen auf, die länderspezifisch institutionelle Unterschiede aufweisen: Die Regierungsphase (*governmental stage*),in der die Regierung den Haushalt entwirft (Haushaltsberatung), die legislative Phase (*parliamentary stage*), in der die Haushaltsdebatte im Parlament stattfindet (Haushaltsverabschiedung) und die Implementierungsphase (*implementation stage*), die unter Berücksichtigung des Haushaltsplans und weiterer fiskalischer Rahmenbedingungen erfolgt (Haushaltsvollzug).

Die Frage nach der Effektivität der Budgetinstitutionen lässt sich ohne Unterscheidung zwischen ihren verschiedenen institutionellen Ausprägungen positiv beantworten. Von Hagen und Hallerberg (1999) stellen fest, dass unabhängig von Wahlverfahren und Regierungsform, die Existenz der Budgetinstitutionen die Defizit- und Verschuldungshöhe eines Landes in Schranken hält.

---

49 Bohn, Inman (1996, S. 40)
50 Etwa die Hälfte der Defizitkürzungen wurden in den Neunzigern über Ausgabenkürzungen erreicht, 32 % durch Einnahmenerhöhungen und die restlichen 19 % durch andere Maßnahmen, wie etwa Neuregelungen in der Bilanzierung, Poterba (1995, S. 5).
51 Von Hagen und Harden (1994)

Länder die solche Institutionen besitzen, können *ceteris paribus* auf fiskalische Schocks schneller reagieren und sich an den Budgetzielen strikter orientieren.

Die selben Autoren untersuchen in einer Regressionsanalyse den Einfluss verschiedener politischer und ökonomischer Faktoren auf die Veränderung der Verschuldungsrate bzw. der Haushaltslage. Als zentrales Ergebnis stellt sich heraus, dass ein mächtiger Finanzminister gefolgt von Budgetzielen den größten Einfluss aufweist. Beide Größen reduzieren das Budgetdefizit, indem sie das *Common-Pool* Problem mildern. Der mächtige Finanzminister hat zudem einen disziplinierenden Einfluss auf Kabinettsmitglieder, die ihre Etats ausdehnen. Alle Wirtschaftsfaktoren mit Ausnahme des Zinsniveaus sind signifikant und haben die antizipierte Korrelation. Unter den politischen Faktoren ist lediglich der Regierungswechsel signifikant, was dadurch begründet werden kann, dass Länder mit etablierten Institutionen in der Lage sind, ihre fiskalische Situation von der politischen Instabilität zu isolieren (Tabelle 18).

Strauch, von Hagen und Hallerberg (2003) verwenden zur Evaluierung der Effekte der Budgetinstitutionen Indices, die aus Komponenten der fiskalpolitischen *Governance* bzw. Regeln bestehen. Als wichtigstes Ergebnis stellt sich heraus, dass der fiskalpolitische *Governance*-Index (*Centralisation index*) einen negativen und signifikanten Effekt auf das Budgetdefizit und stabil über Teilperioden hinweg bleibt. Dieser Zusammenhang ist für die fiskalpolitischen Regeln (*Rules index*) nicht gleichermaßen deutlich (Tabelle 19).

9 Abschlussbetrachtung

Der folgende Abschnitt liefert eine abschließende Betrachtung der dargestellten Erklärungsansätze.[52] Zur Analyse der politökonomischen Bestimmungsgründe der Staatsverschuldung entstanden zahlreiche Modelle in der wissenschaftlichen Literatur während den vergangenen drei Dekaden.

Als erster Theorieansatz der „Neuen politischen Ökonomie" zur Erklärung der Staatsverschuldung wäre der Public choice-Ansatz mit dem Aspekt der *fiscal illusion* zu nennen, in der die Wahrnehmung der Individuen verzerrt und relativ kurzfristig angelegt ist. Die Wähler berücksichtigen in ihren Entscheidungen die intertemporale Budgetrestriktion der Regierung nicht. Das Angebot der Staatsverschuldung wird angenommen, ohne die damit verbundenen Kosten der zusätzlichen Steuerlast zu berücksichtigen. Politiker, die wieder gewählt werden wollen, erhöhen die öffentlichen Ausgaben mehr als die Steuern.

Als Kritik des Public choice-Ansatzes führen Alesina und Perotti (1994) mehrere Punkte auf: Die Persistenz der Staatsverschuldung wird bei diesem Ansatz auf die *fiscal illusion* der Wähler zurückgeführt. Demnach haben die Wähler eine systematische Verzerrung in ihrer Wahrnehmung. Es wäre allerdings zu erwarten, dass die Informationsasymmetrie im politischen Prozess, der die Wähler unterliegen, über Jahrzehnte hinweg abnimmt. Somit wäre die Begründung für die zunehmende Staatsverschuldung nicht mehr akzeptabel. Außerdem liefere der Ansatz keine Begründung für die Unterschiede in den OECD-Ländern und den schnellen Anstieg der Verschuldungsquote ab den 70er Jahren.

Im Bezug auf die Modelle, in denen Wahlen im Bezug auf die Staatsverschuldung dargestellt werden, ist festzuhalten, dass Wahlverfahren endogen bestimmt werden. Daher muss die Frage danach gestellt werden, in wieweit es möglich ist, Wahlprozesse als exogenes Bestimmungsgrund für die Staatsverschuldung heranzuziehen.

Der nächste der Literaturstrang betrachtet die Staatsverschuldung in einem Modell mit überlappenden Generationen. Das ricardianische Äquivalenztheorem impliziert, dass bei Existenz von Altruismus die Finanzierung der öffentlichen

---

[52] Die nachfolgenden Einschätzungen beruhen weitgehend auf Alesina und Perotti (1994). Sie evaluieren die verschiedenen Literaturstränge und beurteilen den Erklärungsgehalt der Modelle anhand der Kriterien, in wieweit die unterschiedlichen Verschuldungsquoten und der Ausbruch der globalen Verschuldungsentwicklung erklärt werden.

Ausgaben irrelevant ist. Die generationenübergreifende Verteilung der Steuerlast wird von der Verschuldung nicht beeinflusst, da die zusätzliche Verschuldung durch Anpassungen in der Erbschaft kompensiert wird.

Wenn das ricardianische Äquivalenztheorem nicht gilt und es kein Verbund-prinzip mit wirksamen Vererbungsmotiven gibt, werden die Schulden der heutigen Generation als Steuerlast an die zukünftige Generation vererbt. Die Art der fiskalpolitischen Entscheidungen hängen dann mit dem sozioökonomischen Status der Individuen zusammen. Reichere Eltern sind indifferent gegenüber der Verschuldung. Sie können die Veränderungen in der Verschuldung durch Anpassungen in der Erbschaft ausgleichen. Die ärmeren Eltern können ihren Kindern keine Erbschaft hinterlassen. Eine zusätzliche Verschuldung bedeutet für sie einen höheren Konsum in der aktuellen Periode und zugleich eine zusätzliche Steuerlast für die nächste Generation. Eine Abstimmung über die Fiskalpolitik nach dem Mehrheitsverfahren in einer Gesellschaft, die aus reichen und armen Eltern besteht, würde in den meisten Fällen zu einem Votum für die Neuverschuldung führen. Nach Alesina und Perotti (1994) liefert auch dieser Ansatz keine ausreichende Begründung für die Unterschiede in den OECD-Ländern und den schnellen Anstieg der Verschuldungsquote ab den 1970er Jahren.

In den Modellen, in denen die Staatsverschuldung im politischen Prozess betrachtet wird, wird unterstellt, dass eine politisch gespaltenere Gesellschaft die Tendenz einer höheren Staatsverschuldung aufweisen wird. Alesina und Perotti (1994) machen darauf aufmerksam, dass die politische Lage in den OECD-Ländern zu Beginn der Siebziger instabiler gewesen ist als in den vergangenen Jahrzehnten. Der Ausbruch der globalen Verschuldungsentwicklung fand zu Beginn der Siebziger statt und beschleunigte sich in den folgenden Jahrzehnten, in denen die politische Instabilität zunahm. Die Modelle erklären die unterschiedlichen Entwicklungen in den Ländern, die auf die unterschiedliche Polarisierung der Gesellschaft zurückzuführen ist. Der Einfluss des politischen Prozesses auf die Staatsverschuldung lässt sich auch empirisch belegen[53].

Ein weiterer Literaturstrang greift den Einfluss der Fragmentisierung der Regierung und der Budgetprozesse auf die Staatsverschuldung auf. Die Modelle betrachten die Parteienstruktur und die Haushaltsdefizite in einem institutionellen Gefüge. Die empirische Evidenz ist für die theoretischen Überlegungen zutreffend.

Alesina und Perotti nennen ein alternatives Modell von Alesina und Drazen, das Verteilungskonflikte und Zermürbungskriege zur Erklärung der Staats-ver-

---

53 Vgl. Alesina, Perotti (1994, S. 21)

schuldung benennt.[54] Es wird angenommen, dass eine Gesellschaft aus zwei unterschiedlichen sozialen Gruppen besteht. Der Staatshaushalt erleidet einen permanenten Schock, dessen Kosten sich auf die Gruppen unterschiedlich verteilen. Die Gruppen können sich über die Kostenverteilung nicht einigen und zögern die stabilisierenden finanzpolitischen Maßnahmen hinaus. Die des Schocks erhöhen sich mit der Zeit.

Der Ansatz des *Common pool*-Problems ist im Hinblick auf den Kontext des geographischen Verantwortungsbereichs erweiterbar. Lokale politische Entscheidungsträger befürworten Projekte, die in ihren Wahlkreis fallen. Während der Nutzen auf den lokalen Verantwortungsbereich begrenzt ist, werden die Kosten auf zentraler Ebene verteilt. Dieser Aspekt verfügt vor dem Hintergrund der Debatte um den Föderalismus in der BRD über aktuelle Relevanz.

Als Schlussfolgerung lässt sich festhalten, dass die steigenden Haushaltsdefizite nicht nur auf die steigenden öffentlichen Ausgaben zurückzuführen sind, sondern auch auf die Wachstumsschwäche und der damit verbundenen Arbeitslosigkeit in den OECD-Ländern.

---

54 Vgl. Alesina, Perotti (1994, S. 22)

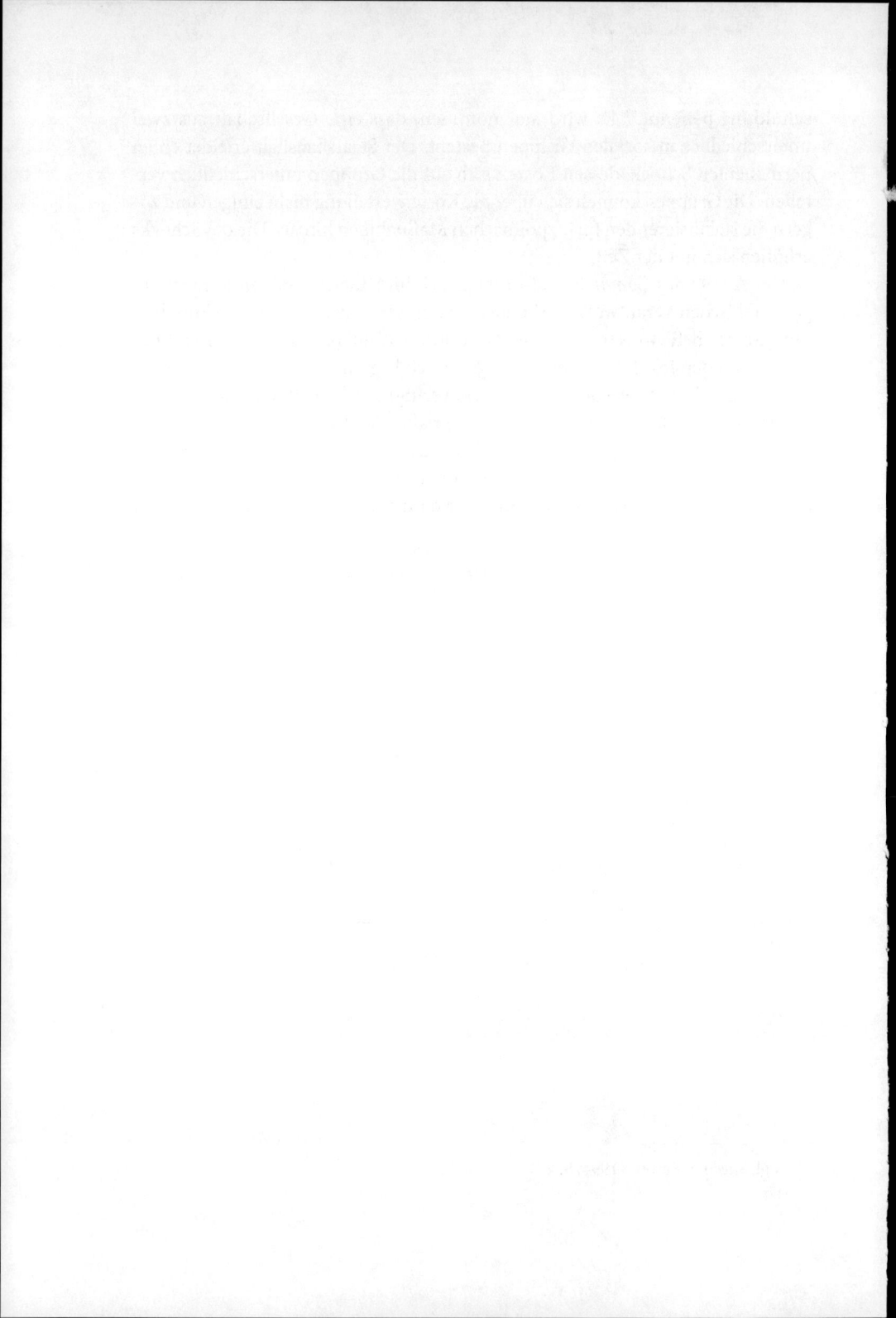

Literaturverzeichnis

Alesina, Alberto, and Roberto Perotti 1994: "The political economy of budget deficits", NBER Working Paper 4637

Alesina, Alberto, and Roberto Perotti 1995: „Fiscal expansions fiscal adjustment in OECD-countries", NBER Working Paper 5214

Alesina, Alberto, and Roberto Perotti 1996: „Budget Deficits and Budget Institutions", NBER Working Paper 5556

Alesina, Alberto und Guido Tabellini (1990), "A positive theory of fiscal deficits and government debt", Review of Economic Studies 57, 403–414.

Andel, Norbert 1998: Finanzwissenschaft, 4. Aufl., Tübingen: Mohr Siebeck

Azariadis, Costas und Vincenzo Gallaso (2002): „Fiscal constitutions" Journal of Economic Theory 103, 255–281 (2002)

Barro, Robert J. (1979), "On the determination of the public debt", Journal of Political Economy 87, 940–71.

Blankart, Charles B. (2001), Öffentliche Finanzen in der Demokratie. 4. Aufl., München: Vahlen.

Bohn, Henning and Robert P. Inman (1996), Balanced budget rules and public deficits: evidence from the U.S. states, NBER Working Paper No. 5533.

Buchanan, James M. (1991): „ Constitutional Economics" Cambridge, Massachusetts, Oxford [u. a.]:Blackwell, 1991

Buchanan, James M. und Richard E. Wagner (1977), Democracy in deficit: The political legacy of Lord Keynes. New York, u. a.: Academic Press.

De Haan, Jakob und Jan-Egbert Sturm (1997): "Political determinants of OECD budget deficits and government expenditures: A reinvestigation", European Journal of Political Economy Vol. 13 (1997) 739–750

Hallerberg, Mark, and Jürgen von Hagen. 1997. "Electoral Institutions, Cabinet Negotiations, and Budget Deficits within the European Union." NBER Working Paper 6341

Lambertini, Luisa (2003): "Are Budget Defcits Used Strategically?" http://www2. bc.edu/~lamberlu/

Milesi-Feretti, Gian Maria, Roberto Perotti und Massimo Rostagno (2001): "Electoral systems and public spending" IMF Working paper 22/01

Nowothny, Ewald (1999): "Der öffentliche Sektor" 4. Aufl., Berlin, Heidelberg, New York: Springer-Verlag

Peffekoven, Rolf. 1996. Einführung in die Grundbegriffe der Finanzwissenschaft, 3. Aufl., Darmstadt: Wissenschaftliche Buchgesellschaft

Persson, Torsten und Lars E.O. Svensson (1989), "Why a stubborn conservative would run a deficit: Policy with time inconsistent preferences", Quarterly Journal of Economics 104, 325–345.

Persson, Torsten, and Guido Tabellini. 2000. Political Economics- Explaining economic policy: Cambridge, MA: MIT Press.

Persson, Torsten, and Guido Tabellini. 2003. The Economic Effects of Constitutions: Cambridge, MA: MIT Press. (Munich lectures in economics)

Poterba, James M. 1996: "Budget institutions and fiscal policy in the U.S. states" NBER Working Paper 5449

Staender, Klaus. 2000. Lexikon der öffentlichen Finanzwissenschaft: Wirtschafts-, Haushalts- und Kassenrecht, 5. Aufl., Heidelberg: R. v. Decker's Fachbücherei: Öffentliche Verwaltung

Stalder, Inge (1992): "Staatsverschuldung aus der Sicht der politischen Ökonomie" Nürnberg: Forum Finanzwissenschaft

Strauch, Rolf. 1998: „Budgetprozesse und Haushaltsdisziplin- Eine Analyse der US-Amerikanischen Staaten" Dissertation zur Erlangung des Doktortitels, Bonn

Strauch, Rolf, and Jürgen von Hagen. 2001: "Formal Fiscal Restraints and Budget Processes as Solutions to a Deficit and Spending Bias in Public Finances: US Experience and Possible Lessons for EMU." ZEI Working Paper B 01–14, Bonn

Strauch, Rolf with M. Hallerberg and J. von Hagen 2003: "The Design of Fiscal Rules and Forms of Governance in European Union Countries", Fundación Ramón Areces, The Design of Stabilizing Fiscal Policies (Valencia, 27–28 June 2003)

Tabellini, Guido (1989): "The politics of intergenerational distribution" NBER Working Paper No. 5533

Tabellini, Guido und Alberto Alesina (1990), "Voting on the Budget Deficit", American Economic Review 90, 37–49.

von Hagen, Jürgen, and Ian Harden. 1995. "Budget Processes and Commitment to Fiscal Discipline" in: European Economic Review39, S. 771–779

Weichenrieder, Alfons (2000): „Fiskalföderalismus und Europäische Integration" Habilitationsschrift, Ludwig-Maximilians-Universität, München, http://www.wiwi.uni-frankfurt.de/professoren/weichenrieder/

Wellisch, Dietmar (1999): „Finanzwissenschaft III, Staatsverschuldung" München: Vahlen

Anhang

Tabelle 2: Fiskalpolitische Effekte

Fiskalpolitik	Finanzlage	Ausgaben	Einnahmen
Alle	-0,008	0,51	0,42
expansiv	0,93	1,04	0,02
kontraktiv	-0,93	0,05	0,83
sehr expansiv	2,81	2,25	-0,17
sehr kontraktiv	-2,61	-0,79	1,2

Legende:
Die Finanzlage und die Art der Fiskalpolitik wird anhand des *Blanchard Fiscal Impulses (BFI)* bewertet. Die Definition für die Größe BFI lautet: $(g_t(U_{t-1}) - t_t) - (g_{t-1} - t_{t-1})$
g: öffentliche Augaben als Prozentsatz des BIP + Nettodefizitquote
U: Arbeitlosenreate t: Einnahmen als Prozentsatz des BIP
Die Fiskalpolitik kann anhand der Ausprägung von *BFI* in folgende Gruppen unterteilt werden:
Neutral für *BFI* $\in$ *(-0,005, 0,005)*
Leicht expansiv $\in$ *(0,005, 0,015)*
Sehr Expansiv oder für *BFI* $\geq$ *0,015*
Kontraktiv für *BFI* $\in$ *(-0,015, -0,005)*
Sehr kontraktiv oder starke Anpassung für *BFI* $\leq$ *-0,015*

Quelle: vgl. Alesina und Perotti (1995, Tabelle 6)

Tabelle 3: *Zusammenhang zwischen den makroökonomischen Variablen und Gesamtausgaben und -Einnahmen*

	Ausgaben	Einnahmen
Δ Inflation	-0,05 (-2,99)	-0,02 (-1,03)
Δ Arbeitslosigkeit	0,47 (10,04)	0,15 (3,17)
Δ Wachstum	-0,14 (-8,65)	-0,12 (-7,16)
neutral	0,27 (3,88)	0,28 (3,85)
expansiv	0,81 (9,47)	-0,06 (-0,7)
kontraktiv	0,09 (1,03)	0,86 (9,99)
sehr expansiv	1,67 (13,24)	-0,47 (-3,67)
sehr kontraktiv	-0,73 (-6,43)	1,26 (10,9)
R^2	0,53	0,25

Legende: t-Statistikwerte in den Klammern

Quelle: Auszug aus Alesina und Perotti (1995, Tabelle 7)

Tabelle 4: *Fiskalpolitik und Zusammensetzung der öffentlichen Ausgaben*

	Fiskalpolitik				
	Alle	expansiv	kontraktiv	sehr expansiv	sehr kontraktiv
Ausgaben	0,51 (0,058)	1,04 (0,089)	0,05 (0,075)	2,25 (0,204)	-0,79 (0,172)
öffentliche Investitionen	-0,03 (0,014)	0,05 (0,034)	-0,07 (0,023)	0,13 (0,039)	-0,28 (0,025)
Transferleistungen	0,34 (0,29)	0,49 (0,055)	0,12 (0,038)	1,15 (0,118)	-0,09 (0,079)
öffentlicher Konsum	0,04 (0,11)	0,15 (0,025)	-0,03 (0,017)	0,26 (0,039)	-0,14 (0,029)
öffentliche Gehälter	0,13 (0,18)	0,25 (0,034)	0,06 (0,031)	0,53 (0,068)	-0,16 (0,060)
Subventionen	0,02 (0,014)	0,09 (0,028)	-0,02 (0,021)	0,18 (0,053)	-0,11 (0,056)

Legende: t-Statistikwerte in den Klammern

Quelle: Alesina und Perotti (1995, Tabelle 8)

Tabelle 5: Fiskalpolitik und Zusammensetzung der öffentlichen Einnahmen

	Fiskalpolitik				
	Alle	expansiv	kontraktiv	sehr expansiv	sehr kontraktiv
Einnahmen	0,42	0,025	0,83	-0,17	1,20
	(0,046)	(0,085)	(0,072)	(0,173)	(0,166)
Einkommensteuer	0,16	0,10	0,27	-0,01	0,31
	(0,027)	(0,062)	(0,044)	(0,112)	(0,093)
Gewerbesteuer	0,01	-0,10	0,08	-0,31	0,36
	(0,22)	(0,030)	(0,026)	(0,118)	(0,087)
indirekte Steuer	0,05	-0,11	0,21	-0,13	0,36
	(0,023)	(0,048)	(0,037)	(0,085)	(0,079)
Sozialbeiträge	0,19	0,15	0,24	0,30	0,13
	(0,20)	(0,034)	(0,042)	(0,070)	(0,075)

Legende: t-Statistikwerte in den Klammern
Quelle: Alesina und Perotti (1995, Tabelle 9)

Tabelle 6: Qualität der Haushaltskonsolidierung

	Finanzlage	Ausgaben	Einnahmen
erfogreiche Konsolidierung	-2,74	-2,19	0,44
	(0,282)	(0,326)	(0,385)
nicht erfolgreiche Konsolidierung	-2,18	-0,49	1,28
	(0,101)	(0,188)	(0,181)

Legende: t-Statistikwerte in den Klammern
Quelle: Alesina und Perotti (1995, Tabelle 10)

Tabelle 7: Qualität der Haushaltskonsolidierung und Ausgaben

	Konsolidierung	
	erfolgreich	nicht erfolgreich
Ausgaben	-2,193 (0,326)	-0,49 (0,188)
öffentliche Investitionen	-0,41 (0,089)	-0,26 (0,046)
Transferleistungen	-0,54 (0,183)	-0,02 (0,102)
öffentlicher Konsum	-0,38 (0,055)	-0,09 (0,38)
öffentliche Gehälter	-0,58 (0,093)	-0,07 (0,071)
Subventionen	-0,29 (0,211)	-0,08 (0,047)

Legende: t-Statistikwerte in den Klammern

Quelle: Alesina und Perotti (1995, Tabelle 11)

Tabelle 8: Fiskalpolitik und Beschäftigungsrate im öffentlichen Sektor

Fiskalpolitik	Beschäftigungsrate im öffentlichen Sektor	Beschäftigungsrate der Erwerbspersonen im öffentlichen Sektor
Alle	0.22 (0,016)	0,28 (0,019)
expansiv	0,28 (0,031)	0,37 (0,033)
kontraktiv	0,19 (0,034)	0,19 (0,038)
sehr expansiv	0,35 (0,061)	0,49 (0,071)
sehr kontraktiv	0,22 (0,053)	0,24 (0,063)
erfolgreich	0.09 (0,159)	-0,007 (0,177)
nicht erfolgreich	0.25 (0,059)	0,30 (0,074)

Legende: t-Statistikwerte in den Klammern

Quelle: Alesina und Perotti (1995, Tabelle 12)

Tabelle 9: *Qualität Haushaltskonsolidierung und Zusammensetzung der Einnahmen*

	Haushaltskonsolidierung	
	erfogreich	nicht erfolgreich
Einnahmen	0,44 (0,385)	1,28 (0,181)
Einkommensteuer	-0,14 (0,249)	0,44 (0,110)
Gewerbesteuer	0,53 (0,256)	0,20 (0,052)
indirekte Steuer	0,17 (0,119)	0,43 (0,103)
Sozialbeiträge	-0,14 (0,072)	0,17 (0,103)

Legende: t-Statistikwerte in den Klammern
Quelle: vgl. Alesina und Perotti (1995, Tabelle 13)

Tabelle 10: *Politische Einflussfaktoren*

	Wahlscheinlichkeit der gewählten Fiskalpolitik			
Regierungstyp	sehr expansiv	sehr kontraktiv	erfolgreich	nicht erfolgreich
Einparteienregierung	8.5	10.2	35.7	64.3
Koalitionsregierung	12.1	13	8.7	91.3
Minderheitenregierung	10.1	15.6	46.7	53.3
Rechts	8.6	10.9	26.9	73.1
Mitte	15.4	10.8	0	100
Links	12.4	17.8	35.1	64.9

Legende: Angaben in %
Quelle: Auszug aus Alesina und Perotti (1995, Tabelle 18)

Tabelle 11: Einfluss der Wahlen

Wahlscheinlichkeit der gewählten Fiskalpolitik	Wahljahr	kein Wahljahr
sehr expansiv	12,3	10,7
sehr kontraktiv	10,4	13,3
erfolgreich	28,6	26,3
nicht erfolgreich	71,4	73,7

Quelle: Alesina und Perotti (1995, Tabelle 19)

Tabelle 12: Einfluss des Konjunkturzyklus

Wahlscheinlichkeit der gewählten Fiskalpolitik	rezessives Jahr	kein rezessives Jahr
sehr expansiv	20,4	6,2
sehr kontraktiv	6,8	15,4
erfolgreich	12,5	29,5
nicht erfolgreich	87,5	70,5

Quelle: Alesina und Perotti (1995, Tabelle 20)

Tabelle 13: Überblick fiskalischer Effekte der Wahlverfahren

	All Mean	All SD	All Min	All Max	OECD Mean	OECD SD	OECD Min	OECD Max	LA Mean	LA SD	LA Min	LA Max
EM	22.9	39.6	1	181.8	19.6	32.9	1	148.3	26.3	45.9	1	181.8
AM	16.1	30.7	1	150	15	32.3	1	150	17.3	29.9	1	120
SM	23.6	39.7	1	180.8	20.1	33	1	148.3	27.2	46	1	180.8
LEM	2.1	1.4	0	5.2	2.1	1.5	0	5	2.2	1.4	0	5.2
LAM	1.9	1.3	0	5	1.8	1.3	0	5	2	1.3	0	4.8
LSM	2.2	1.5	0	5.2	2.1	1.5	0	5	2.3	1.5	0	5.2
RAE	3	4.4	0.3	26.1	2.4	1.9	0.3	6.8	3.7	6.5	0.3	26.1
EXP	32.6	15.1	10.3	66.6	45.4	9.4	32.7	66.6	19.8	5.5	10.3	29.8
TRAN	13.4	9.5	1.4	31.6	21.3	6.3	11.5	31.6	5.5	3.6	1.4	14.6
PGOOD	18.1	5.6	7.1	29.9	21.9	4.2	16	29.9	14.4	4.1	7.1	23.5

Legende: Die Variable (EM) gibt die durchschnittliche Größe eines Wahlbezirks an, in dem eine Partei mit dem selben Stimmenanteil bei einem Wahlverfahren ohne Prozenthürden und einem Wahlgang einen Parlamentsitz erringt. Die Variable (AM) gibt die durchschnittliche Größe der Wählerschaft an, die eine Partei bei einem Wahlverfahren ohne Prozenthürden und zwei Wahlgängen zu einem Parlamentsitz verhilft. Die Variable (SM) gibt durchschnittliche Größe eines Wahlbezirks an, in dem eine Partei bei unabhängig vom Wahlverfahren einen Parlamentsitz erringt. Die Variablen (LEM) (LAM) (LSM) sind die jeweils logarithmierten Größen der Wahlvariablen (EM) (AM) (SM). Die Variable RAE (Average Deviation from Proportionality) ist ein Maß für die Abweichung der in einer Wahl von einer Partei erhaltenen Stimmen von der Verteilung der Parlamentssitze Milesi-Ferretti, Perotti und Rostagno (2001, S. 20). EXP: Anteil der primären Ausgaben am BIP, TRAN: Anteil der Transferleistungen am BIP, PGOOD: Anteil der Ausgaben für öffentliche Güter am BIP, SD: Standardabweichungen, Min: minimale Wert, Max: maximale Wert, Mean: arithmetisches Mittel

Quelle: Auszug aus Milesi-Ferretti, Perotti und Rostagno (Tabelle 2, 2001)

Tabelle 14: *Fiskalische Effekte der Wahlverfahren*

Dependent Variable	(1) EXP	(2) EXP	(3) EXP	(4) EXP	(5) TRAN	(6) TRAN	(7) TRAN	(8) TRAN	(9) PGOOD	(10) PGOOD	(11) PGOOD	(12) PGOOD
LEM	0.67 (0.80)				1.32 (3.03)**				-0.54 (1.15)			
LAM		1.05 (1.10)				1.70 (3.49)**				-0.60 (1.12)		
LSM			0.74 (0.89)				1.32 (3.06)**				-0.48 (1.03)	
RAE				0.32 (1.05)				0.38 (2.21)**				-0.02 (0.13)
POP65	1.15 (1.86)*	1.13 (1.86)*	1.14 (1.87)*	1.30 (1.95)*	1.27 (3.95)**	1.25 (4.04)**	1.27 (3.96)**	1.42 (3.81)**	-0.12 (0.34)	-0.12 (0.34)	-0.12 (0.35)	-0.10 (0.27)
LGDPPC	0.78 (0.25)	1.16 (0.37)	0.83 (0.26)	0.54 (0.16)	1.63 (0.99)	2.19 (1.37)	1.69 (1.04)	1.45 (0.78)	-1.45 (0.83)	-1.64 (0.92)	-1.46 (0.83)	-1.72 (0.93)
OECD	13.84 (2.14)**	13.49 (2.10)**	13.82 (2.14)**	11.55 (1.57)	1.81 (0.54)	1.20 (0.37)	1.75 (0.52)	-0.21 (0.05)	10.60 (2.92)**	10.83 (2.98)**	10.64 (2.92)**	10.65 (2.60)**
Constant	6.34 (0.26)	2.75 (0.11)	5.74 (0.23)	10.86 (0.42)	-16.88 (1.32)	-21.79 (1.73)*	-17.46 (1.36)	-11.75 (0.81)	27.83 (2.02)	29.82 (2.09)*	27.83 (2.01)	28.87 (2.00)*
Range	3.47	5.25	3.84	8.30	6.89	8.51	6.86	9.76	2.80	3.02	2.49	0.55
Observ	40	40	40	35	40	40	40	35	40	40	40	35
$\bar{R}^2$	0.75	0.76	0.75	0.73	0.84	0.84	0.83	0.80	0.44	0.44	0.43	0.38

Dependent variables: EXP: share of total primary spending in GDP (columns (1)–(4)); TRAN: share of transfers in GDP (columns (5)–(8)); PGOOD: share of spending on public goods in GDP (columns (9)–(12)), averages 1991–1994 or closest available period. Estimation by ordinary least squares (t-statistics in parantheses), * (**) significant at the 10 percent (5 percent) level. "Range": range of variation of dependent variable, associated with range of variation of electoral variable, holding constant all other variables.

Legende: vgl. Tabelle 13; POP65: Anteil der Bevölkerung, die älter als 65 ist, an der Gesamtbevölkerung; LGDPPC: logarithmierter BIP pro Kopf in 1000 US $ (Stand 1985); OECD: Ländergruppe der OECD, Milesi-Ferretti, Perotti und Rostagno (2001, S. 41)

Quelle: Milesi-Ferretti, Perotti und Rostagno (2001, Tabelle 3)

Tabelle 15: *Fiskalische Effekte der Wahlverfahren in den OECD Ländern*

Dependent Variable	(1) EXP	(2) EXP	(3) EXP	(4) TRAN	(5) TRAN	(6) TRAN	(7) PGOOD	(8) PGOOD	(9) PGOOD	(10) PGOOD	(11) PGOOD	(12) PGOOD
LEM	2.52 (1.84)*				2.64 (3.63)**				-0.33 (0.44)			
LAM		3.05 (2.10)*				3.03 (4.03)**				-0.34 (0.41)		
LSM			2.56 (1.89)*				2.63 (3.64)**				-0.28 (0.37)	
RAE				1.41 (1.29)				1.62 (2.56)**				-0.64 (1.14)
POP65	1.19 (1.20)	1.37 (1.49)	1.15 (1.17)	1.43 (1.40)	0.97 (1.84)*	1.19 (2.50)**	0.95 (1.80)*	1.17 (1.99)*	0.26 (0.47)	0.22 (0.43)	0.25 (0.45)	0.40 (0.75)
LGDPPC	16.44 (2.22)**	17.15 (2.36)**	16.39 (2.23)**	15.76 (2.03)	7.15 (1.82)*	7.73 (2.05)*	7.05 (1.80)*	6.59 (1.48)	4.51 (1.09)	4.48 (1.08)	4.27 (1.11)	4.09 (1.03)
OECD	-132.44 (1.85)	-142.10 (2.02)*	-131.54 (1.85)	-120.92 (1.62)	-65.69 (1.73)	-74.42 (2.04)*	-64.42 (1.70)	-54.04 (1.26)	-23.90 (0.60)	-23.17 (0.58)	-24.34 (0.61)	-24.04 (0.63)
Range	12.58	15.28	12.80	9.11	13.19	15.18	13.13	10.45	1.66	1.69	1.41	4.13
Observ	20	20	20	20	20	20	20	20	20	20	20	20
$\overline{R}^2$	0.31	0.34	0.31	0.24	0.57	0.61	0.57	0.44	-0.08	-0.08	-0.08	-0.01

Legende: vgl. Tabelle 14

Dependent variables: EXP: share of total primary spending in GDP (columns
(1)–(4)); TRAN: share of transfers in GDP (columns (5)–(8)); PGOOD: share of
spending on public goods in GDP (columns (9)–(12)), averages 1991–1994 or closest
available period. Estimation by ordinary least squares (t-statistics in parantheses),
* (**) significant at the 10 percent (5 percent) level. "Range": range of variation of
dependent variable, associated with range of variation of electoral variable, holding
constant all other variables.

Quelle: Milesi-Ferretti, Perotti und Rostagno (2001, Tabelle 4)

Tabelle 16: Fiskalische Effekte der Wahlverfahren in den lateinamerikanischen Ländern

	EXP	(2) EXP	(3) EXP	(4) TRAN	(5) TRAN	(6) TRAN	(7) PGOOD	(8) PGOOD	(9) PGOOD
LEM	-1.17 (1.22)			0.13 (0.26)			-1.03 (1.50)		
LAM		-0.91 (0.86)			0.36 (0.67)			-0.99 (1.31)	
LSM			-1.08 (1.13)			0.14 (0.28)			-0.96 (1.40)
POP65	0.46 (0.62)	0.49 (0.65)	0.49 (0.65)	0.95 (2.44)**	0.98 (2.69)**	0.95 (2.44)**	-0.54 (1.01)	-0.38 (0.75)	-0.52 (0.97)
LGDPPC	-0.64 (0.22)	-0.77 (0.27)	-0.77 (0.27)	1.43 (0.95)	1.50 (1.04)	1.44 (0.96)	-1.74 (0.84)	-2.42 (1.20)	-1.83 (0.89)
Constant	25.23 (1.21)	26.00 (1.24)	26.00 (1.24)	-11.07 (1.01)	-12.12 (1.12)	-11.13 (1.02)	33.22 (2.32)**	37.40 (2.49)**	33.87 (2.26)**
Range	6.08	4.38	5.61	0.69	1.72	0.71	5.35	4.72	4.99
Observ	20	20	20	20	20	20	20	20	20
$\bar{R}^2$	0.01	-0.04	0.00	0.38	0.40	0.38	0.11	0.09	0.10

Legende: vgl. Tabelle 14

Quelle: Milesi-Ferretti, Perotti und Rostagno (2001)

Tabelle 17: Budgetregeln und Budgetdefizit in den USA

	Budgetdefizit	
Budgetregeln	**Koeffizient**	**t-Wert**
Gouverneur	0,15	2,832
Legislative	0,09	1,355
carry over-Regel	0,16	2,62
keine carry over-Regel	-0,18	-3,84
Signifikanzniveau: 5%		

Quelle: Auszug aus Bohn, Inman (1996, Tabelle 6)

Tabelle 18: Einfluss verschiedener politischer und ökonomischer Faktoren auf die Veränderung der Verschuldungsrate

Variables	Coefficient	Std. Error	t-ratio	Prob
Constant	3.6	0.81	4.45	0.0001
Change in Debt (t-1)	0.30	0.05	5.62	0.0001
Change in GDP, Real Values	-0.90	0.16	-5.46	0.0001
Change in unemplyment rate	0.76	0.28	2.71	0.01
Change Debt servicing costs	-0.04	0.1	-0.38	0.70
Change in Government	1.57	0.44	3.55	0.0005
2–3 Party Majority Govt.	0.81	0.73	1.12	0.26
4–5 Party Majority Govt.	0.40	0.88	0.46	0.65
Minority Govt.	-0.52	0.86	-0.61	0.55
Left	-0.92	0.65	-1.43	0.15
StrongFM	-1.95	0.73	-2.67	0.01
Contracts	-1.45	0.63	-2.30	0.02

R squared = 53.9 %, R squared(adjusted) = 51.4 %

Quelle: Hallerberg, von Hagen (1997, S. 297)

Tabelle 19: Einfluss von Budgetinstitutionen auf die Staatsverschuldung

Variables	1985–2001	1985–1992	1998–2001
Constant	3.10***	2.15**	4.66
	(0.65)	(1.00)	(0.43)
Change in Debt (t-1)	0.34***	0.51***	0.19
	(0.06)	(0.12)	(0.23)
real GDP growth	-0.44***	-0.25	0.05
	(0.13)	(0.18)	(0.25)
Change in unemplyment rate	1.30***	1.68***	0.59
	(0.21)	(0.36)	(0.43)
Debt servicing costs	0.12	0.28	0.81**
	(0.13)	(9.23)	(0.36)
Electoral year	0.61*	1.05	0.82
	(0.32)	(0.51)	(0.57)
Party constellation in government	-1.29	-2.14	-2.29***
	(0.74)	(1.47)	(0.76)
Stage II and III of EMU	-0.33	-0.57	
	(0.35)	(0.72)	
Centralisation index	-0.54	-0.47***	-1.30***
	(0.15)	(0.18)	(0.44)
Rules index	-0.11	-0.10	-0.68
	(0.11)	(0.07)	(1.00)
R-squared	0.65	0.64	0.49
Wald Statistic	363.80***	219.62***	371.37***
Number observations	242	116	59

Note: The dependent variable is the change in gross general government debt as share of GDP. Standard errors in paranthesis. Asterisks indicate statistical significance at the 10 (*), 5 (**) and 1 (***) percent level.
Quelle: Strauch, von Hagen, Hallerberg (2003, Tabelle 13)